会計と犯罪

細野祐二
Hosono Yuji

会計と犯罪

郵便不正から日産ゴーン事件まで

岩波書店

はしがき

本文中で紹介している日本語学校の社長をしていた頃、岩波書店の月刊誌『世界』の編集者が学校に来たことがある。この頃、私は、東京電力の原発廃炉会計の研究をしており、その論稿の発表機会がないことに困り抜いていた。見かねた友人が、岩波と話を付けてくれたのである。

私は、東京電力の廃炉会計がいかに企業会計原則を無視した不当なものであるかを説明し、編集者は私の話を面白いと言ってくれた。しかし、私は自分の論稿が本当に『世界』に掲載されるとは信じられなかった。キャッツ粉飾決算事件で逮捕・起訴された刑事被告人としての前科があるからである。私は、今まで、これが原因で自分の論稿が大手メディアに採用されなかった苦い経験を嫌というほど味わってきた。

この懸念を編集者に伝えると、編集者は、

「岩波に限っては、そのような御懸念は御無用です」

と力強く胸を叩き、

「それに、細野さん、出版界にはお縄系セレブというジャンルがあるんですよ」

と言った。

驚いた。私は、

「本当ですか！　えらい世の中になったものですね……。そういえば、ホリエモンとか佐藤優さんとか、有罪を食らった元刑事被告人がすごく活躍していますからね」

と答えた。すると編集者は、

「何を言ってるんですか。細野さんもお縄系セレブの一人じゃないですか」

と微笑んだ。

この論稿は、『世界』二〇一三年一〇月号に「原発による不良資産を隠蔽する虚妄の廃炉会計改訂骨子案」として掲載され、その後、学術論文に参照されるなど、かなりの社会的反響を呼んだ。この岩波編集者とのやり取りは二〇一三年八月の出来事である。郵便不正事件で厚労省元局長の村木厚子さんに無罪判決が出たのが二〇一〇年九月のことである。


ここで不思議に思うのは、私は、二〇一〇年五月の最高裁有罪判決以降現在までの九年間、有罪判決を受けた元刑事被告人というハンディキャップを何ら感じることなく仕事ができたことである。それ以前はそうではなかった。メディアは私の論稿を私の名前で載せることを躊躇したし、クライアントの仕事で私が出ていくと銀行は激しく警戒した。やむなく、私は、自分の分析を友人のジャーナリストに書いてもらったり、知人の国会議員に国会で質問してもらったりしていた。クライアントのための銀行交渉も弁護士を通じてやらざるを得なかったのである。

このことは私の事務所を訪れる元刑事被告人のクライアントも同様で、彼らの事業活動は二〇一〇年を境として明らかに活発化している。二〇一〇年の郵便不正事件・虚偽公文書事件・証拠改竄事件の三連発のおかげである。郵便不正三事件のおかげで特捜検察の冤罪構造が満天下に明らかとなり、その結果、特捜事件の元刑事被告人に対する社会的差別が著しく緩和されたのである。

私は、二〇一〇年の最高裁判決により公認会計士資格を剝奪されたが、その後の九年間の方が本来の公認会計士らしい仕事をすることができた。私は、公認会計士を首になって本当の公認会計士になれたように思うが、それは二〇一〇年の郵便不正三事件に負うところが大きい。振り向けばそこにはいつも郵便不正事件があったのである。

郵便不正事件で無罪判決を取った村木厚子さんは、

「自分が無罪を取れたのは運がよかったから」

と言う。私もそう思う。しかし、この発言は、村木厚子さんに無罪判決が出ているから言えることで、無罪判決の取れなかった私が、

「自分が有罪となったのは運が悪かったから」

と言うわけにはいかない。

村木厚子さんに無罪判決が出て私に無罪判決が出なかったのは、運以外に、何か説明可能な必然がなければならない。私は郵便不正事件の真相を知る権利があるし、それを知るのは、私が歴史に対して負うべき義務でもある。私は郵便不正事件を深く知りたいと思った。

その後私は、「東芝粉飾決算事件の真相と全容」(『世界』二〇一五年九月号)、「東芝粉飾決算事件のそれから」(同二〇一六年一月号)、「債務超過の悪夢——東芝ウェスティングハウス原子炉の逆襲」(同二〇一七年三月号)、「東芝の債務超過による存続可能性」(同二〇一七年四月号)、「東芝はどこへ行くのか」(同

二〇一七年八月号）と、立て続けに、東芝粉飾決算問題に関する論稿を『世界』に発表し続けた。東芝は、粉飾決算として史上最高七三億円の金融庁課徴金処分を受けることとなった。

本書は、岩波書店の清宮美稚子さんの決死のご尽力により、たいへんな難産の末、やっとのことで上梓に漕ぎ着けることができた。清宮美稚子さんは、二〇一三年の東京電力廃炉会計や二〇一五年から二〇一七年にかけての東芝粉飾決算疑惑を手掛けたときの『世界』の編集長である。本書が清宮前編集長の手で世に出るというのも本書の何事かの宿命のようにも思われ、また、私にとってはたいへん名誉なことでもある。

本書は弘中法律事務所のリーガルチェックを受けている。弘中惇一郎弁護士は、厚労省虚偽公文書事件において村木厚子さんの無罪判決を取った弁護士であり、私は、弘中法律事務所とは、ライブドア粉飾決算事件最高裁審理において会計分析のお手伝いをしたとき以来のお付き合いがある。

私は基礎的な司法教育を受けていないが、本書には多くの司法的論述がある。素人だからこそ言えることがあり、私にしか言えないことがあるのだが、私は、私の司法論述が素人の法律論と揶揄されることを好まない。本書が、「郵便不正事件無罪判決弁護士による査閲」などという贅沢を享受することができたのはまさに僥倖としか言いようがなく、本書は難産ではあったが、それに幾倍する幸運にも恵まれたと思う。

本書執筆の終盤にさしかかる頃、日産自動車のカルロス・ゴーン元会長が東京地検特捜部に逮捕・

起訴されるという衝撃的なニュースが飛び込んできた。日産ゴーン事件はまさに本書がテーマとする犯罪会計学の課題そのものであることから、本書では、カルロス・ゴーン元会長の有価証券報告書虚偽記載並びに特別背任事件に対する犯罪会計学的所見を追加した。

郵便不正事件と日産ゴーン事件には一〇年の時の隔たりがある。今にして思えば、郵便不正事件と日産ゴーン事件は、犯罪会計学を通じて、私のこの一〇年間の歩みに深くつながっている。本書の草稿段階では、日産ゴーン事件はその勃発自体が想像もできなかったが、結果的に、その論述は現時点における犯罪会計学の集大成となった。

最高裁敗訴から少し経った頃、あるクライアントの宴席に呼ばれたことがある。そこには大鶴基成弁護士が来ていて、なんと私の席の真ん前に座った。私は、その人が有名な大鶴元特捜部長であることはすぐ分かったが、大鶴元特捜部長は、クライアントから私を紹介された後も、私のことがよく分からなかったようである。宴会はクライアント側二名と私、そして弁護士事務所側三名で、大鶴元特捜部長は東京地検特捜部長を退任後、この弁護士事務所の客員弁護士をしているので、その関係でこの宴席に来たとのことであった。

宴会が始まってしばらくした頃、大鶴元特捜部長は、突然、ビールのグラスをテーブルに置いて、

「あれっ、細野さんって、ひょっとしてあの細野さんのことですか？」

と聞いてきた。私は、

「そうです。私がキャッツ粉飾決算事件で有罪判決を受けたあの細野祐二です」

と答えた。大鶴元特捜部長は、

「あの事件は僕がやったんじゃありませんよ」

と応えた。

そこで、私は、

「それは分かっています。先生は、私の事件の後で特捜部長になりましたからね。それに、私は、私を逮捕した検察庁特捜部を憎いとはまったく思っていません」

と応じた。そうしたところ、大鶴元特捜部長は、

「実は、私は、特捜部長時代、細野さんの書いた『法廷会計学vs粉飾決算』を何度も何度も読みました。『法廷会計学vs粉飾決算』は私の愛読書です」

と言った。


日産ゴーン事件が勃発して、大鶴弁護士はゴーン元会長の弁護人に就任した。大鶴元特捜部長が優秀なことはその経歴上異論の余地がないが、私は、大鶴元特捜部長でゴーン元会長の無罪が取れるとは思えなかった。その理由は、本書の長い論稿において記述した通りである。

この頃、私は弘中法律事務所に本書の草稿を見てもらうべく奔走しており、その際、ゴーン元会長が弁護人を弘中惇一郎弁護士に代えて無罪を取りに行くとの確度の高い情報を耳にした。しかし、私はこの噂を敢えてご本人には伝えなかった。私にはゴーン会長の無罪は弘中惇一郎弁護士しかありえないとの確信があったが、同時に、弘中惇一郎弁護士のことだから、頼まれても断るのではないかと危惧していたからである。この理由も、本書の論稿に記述の通りである。

その後、弘中法律事務所のリーガルチェックのコメントが上がってきたのが二〇一九年一月三一日で、そのコメントを修正して最終稿を岩波書店に送付したのが二月一〇日のことである。二〇一九年二月一三日、大鶴基成弁護士は、日産ゴーン事件の主任弁護人を解任された。そして、弘中法律事務所による本書のリーガルチェックが終わるや否や、天地晦冥一朝、弘中惇一郎弁護士がゴーン元会長の弁護人になった。「主言い給う。復讐するは我にあり、我これに報いん」(新約聖書「ローマ人への手紙」第一二章第一九節)

私は、日本の公認会計士監査と特捜検察による経済司法に大きな危惧を抱くものである。二〇一一年のオリンパス粉飾決算事件や二〇一五年の東芝粉飾決算事件に明らかなように、企業から巨額の金をもらって行う日本の公認会計士監査は機能しない。また、本書で分析する郵便不正事件や日産ゴーン事件に見られるように、現行司法は制度疲労が激しく、経済事件に対して有効に機能していないと思う。犯罪会計学は、機能不全に陥る会計監査と経済司法を学際的な研究対象とし、その解決策を模索する。本書が日本における犯罪会計学の研究に資することを願うものである。

細野祐二

二〇一九年三月吉日

目次

I

「あの日」からの私

第1章　執行猶予の日々

1　特官の税務調査

二〇一〇年九月九日木曜日午後一時半、私は京橋税務署の税務調査を受けた。その数日前に京橋税務署から電話があり、当時私が活動拠点にしていた東京築地の公認会計士事務所に税務調査に来たいとのことだったのである。税務署は、納税者の毎年の確定申告に不審がある場合、「確定申告についてのお伺い」などという質問状を送付し、納税者に説明を求めることになっている。私の自宅にも過去「お伺い」が来て京橋税務署に説明に行ったことがあるが、今回は「お伺い」がなくいきなり税務調査である。

しかも、電話の主は、

「九日の日はトッカンと二人でお伺いしますから……」

などと重々しげに言う。私はその時トッカンなるものを知らなかった。電話の後ネットで検索してみると、特官とは、「資産家や高所得者専門の税務調査官で各地の税務署において税務署長に次ぐポジション」と記載されていた。これには驚いた。

何処をどう叩いてみても、私は資産家でもなければ高所得者でもない。これはきっと、「ほとんどが過去において高所得者だった当時の私のクライアント」の反面調査なのだろうと思った。

調査に来たのは屈強そうな体格の三十代くらいの調査官と初老のトッカンである。名刺交換の後、特官は、

「いや、今回お伺いしましたのはね、私ども細野さんの申告状況をいろいろ拝見しておりまして、細野さんは何をしている人だろうと……。私どもの税務署のすぐ近くで事務所をお持ちなので、これは一度ご挨拶がてらお伺いした方が早いじゃないかと……。こんな次第です」

と言うのである。

想起すれば、私が、東京拘置所における一九〇日間の逮捕勾留の後、築地に事務所を立ち上げたのは二〇〇五年四月のことであった。あの時、一万円の現金で開設した事務所の銀行口座残高は、その後五年半の年月を経て、五七〇三万四四九一円になっていた。事務所の預金残高は毎年の確定申告で申告していたので、京橋税務署とすれば、毎年一〇〇〇万円単位で膨らむばかりの預金残高を見て、これは叩けば埃が出ると思ったのであろう。古今東西を問わず、取れるところから取るというのが徴税の基本原則なのである。私は、次のような説明をした。

• 自分は、キャッツ粉飾決算事件における共謀容疑で二〇〇四年三月九日に逮捕・起訴され、一貫して無実を主張し、一審東京地裁、控訴審東京高裁、上告審最高裁と闘ってきたが、二〇一〇年

五月三一日、最高裁の上告棄却により懲役二年執行猶予四年の刑が確定した者である。

- 私は、最高裁の有罪確定により公認会計士資格を失ったが、お尋ねの期間における収入は、①著作の印税及びマスコミ掲載論稿の原稿料、②さまざまなクライアントに対するコンサル報酬、③新月島経済レポートという月刊機関誌の読者からの購読料であり、その中でもコンサル料が圧倒的に大きい。
- 私は、二〇〇七年一一月、自分の刑事事件における体験を『公認会計士vs特捜検察』という本に書いて上梓したところ、これがベストセラーとなり、その後、この本の影響でさまざまなコンサル依頼が舞い込むようになった。
- コンサルは、経済事件における被疑者の財務会計的無罪立証を行うもの、並びに、経営困難状況にある企業の再生支援を行うものに大別され、両者の割合は半々程度である。
- 今回の最高裁の有罪確定を受け、私は、二〇一一年よりロンドン大学の大学院修士課程で犯罪会計学の研究をする予定となっているので、現在は、過去手がけてきたコンサルの後始末だけを行っている。

特官と調査官は、唖然としたかのごとき顔で黙って私の話に聞き入っていた。こうして税務調査が始まったのであるが、調査はこの日半日で終了し、翌々日には特官と調査官が調査指摘事項の説明に来た。税務調査の指摘事項は次の二点である。

・キャッツ事件の弁護士報酬を損金にしているが、刑事事件に関わる弁護士報酬は損金として認められない。
・コンサル料は入金ベースで売上計上されているが、請求ベースで売上計上すべきである。

私は反論した。そもそも、日本の所得税法には、刑事事件の弁護士報酬が損金として認められないなどとは記載されていない。弁護士報酬の損金性はあくまでもその費用の必要経費性にある。ここで、刑事事件とは被疑者の属人的反則行為に対する刑事訴追なので、その弁護士報酬は、被疑者の反則行為に対する必要経費ではあっても、被疑者の収益行為に対する必要経費ではない。だから、刑事事件の弁護士報酬は損金として認められないと一般に解釈されているに過ぎない。

ここで、私は、自らの刑事事件を商売のタネにして本を書き、自らの刑事事件の経験に基づきコンサル業務を行っている。弁護士報酬がなければ私のコンサル業務は成立しないのだから、私の弁護士報酬がコンサル収益の必要経費であることは紛れもない。余人のことは知らず、こと私に限っては、刑事事件の弁護士報酬は損金なのである。後で知り合いの税理士たちにこの話をすると皆こぞって驚嘆するのであるが、なんと、私のこの主張は認められた。

コンサル料の売上計上時期についても私は納得がいかなかった。私は、仕事を引き受けるに当たり、常にクライアントに次のことを申し上げている。

「ご依頼の件、分かりましたのでやってみます。やった仕事はすべて請求させていただきます。請求はかかった時間に三万円の請求単価を積算した金額となります。私は常にベストを尽くして仕事をやりますが、それがベストかどうかは私の都合で、依頼人の都合ではありません。私とすればいい仕事をしたつもりでも、依頼人にとっては何の役にも立たなかったということもあるでしょうし、あるいは、依頼人にとって大いに役立ったけれど支払う金がないということもあるでしょう。だから、そういう場合は、請求書は支払わなくても結構です」

こうしておけば、私は、請求額が支払われれば嬉しいし、支払われなくとも、それはそれで悲しくはない。なぜなら、私は、私がベストを尽くした仕事を評価してくれないクライアントの仕事を二度としなくても済むからである。私にとって、請求とはプロフェッショナルとして仕事を終えたというけじめに過ぎず、請求段階ではそれが支払われるかどうかはまったく分からない。私の仕事の仕方では、入金されて初めて収益が認識できる。入金をもって売上計上する以外に方法などないではないか。

私のこの主張については、若い調査官が反論した。

「でも先生、先生がこの期間に出した請求書は結局全部入金になっていますよ」

「……」

それは結果論ではないか。

年末にはその年に受けた仕事で未請求のものを整理し、まとめて請求書を出すようにしていたので、各年度末に出した請求書はかなりの金額になっていた。その請求を回収年度の売上ではなく請求年度の売上とすると、税務否認額もまたかなりの金額となる。

2　銀座の高額納税者

調査官は見落としたのかもしれないが、実は、請求書を支払わなかったクライアントは二件ある。そうだとしても、この五年余りの期間に私が発行した請求書は優に二〇〇件を超えていたのであり、その中で未回収となったのはわずか一％に満たない。調査官が指摘するように、請求すればほぼ一〇〇％近く回収されているという事実は動かない。

私は、一審東京地裁から最高裁まで六年間の刑事裁判を争い、刑事・民事通算して合計約四〇〇〇万円の弁護士報酬を支払った。四〇〇〇万円の弁護士報酬が支払えたということは、この間、私にはそれ以上の収入があったということで、それは、請求すれば必ず支払うクライアントが支えてくれたということでもあろう。私は、刑事被告人であるにもかかわらずクライアントに恵まれ、そのクライアントのおかげで自分の信念を貫き最高裁まで闘うことができた。経済事件における多くの被告人は、刑事事件のコスト負担に耐えられず、事実ではない罪を認めて泣く泣く事件を終わらせていくのが通例なのである。

私は、事務所開設以来一年三六五日毎日事務所で仕事をしていた。土日はもちろん一月一日もクリスマスも事務所に来た。その方が楽だからである。家にいるとどうしても、

「なんでこんなことになってしまったのだろう……」

「なんで特捜検察は無実の者を狙い撃ちするのだろう……」

「裁判官は私が無実なのは分かっているはずじゃないか……」

などと、およそ何の益もない事件のことを考えて発狂しそうになる。事務所に来て仕事をしていれば馬鹿なことを考えなくても済む。そして驚くのは、土日であろうが正月であろうが、私が事務所にいると電話がかかってきて仕事が舞い込んでくるのである。

社会には刑事事件や経営問題で苦しんでいる人がたくさんいて、彼らの切羽詰まった悩みは土日やお正月には関係がない。むしろ、相談する人とて誰もいない社会の休日こそ彼らの苦しみは深い。営業時間の決められた公認会計士や税理士あるいは弁護士は、彼らの切羽詰まった苦しみを助けることができない。彼らにすれば、困り抜いていたところ、たまたま本屋で私の本を見てホームページを頼りに電話してみたところ、私はいつもそこにいたのである。だから、彼らは、何を差し置いても私の請求書だけは払ってくれたのではないか？　彼らの気持ちを斟酌すれば、こんなしょうもない売上期ずれで税務署と争っている場合ではない。

私の事務所は弁護士報酬以外にろくな必要経費がない。私はいつもたった一人で仕事をしていたし、私が刑事被告人なのは満天下公知のことなので、私は立派な事務所など公認会計士事務所としての外観を飾る必要がまったくなかったからである。ボロ事務所と電話一本で三六五日働きまくるのだから、銀行残高が積み上がるのは当たり前であろう。

しかも、そもそも売上の期ずれなど売上の期間帰属の問題で、その税務否認は今年の納税額を増やすだけのことで、その分だけ来年の納税額は減る。さらに、この時、私はロンドン大学に留学の予定を立てていた。日本を離れて非居住者となる身で税務係争を抱えるわけにはいかない。私は、売上の請求ベースでの税務修正を受け入れることにした。

私は、修正申告により二〇一〇年一〇月一八日所得税一二一四万九二〇〇円、同年一二月二日修正申告に伴う延滞税一九一万六〇〇円、同年一二月一四日同事業税一〇八万五〇〇円、二〇一一年一月三一日同住民税二三七万三九〇〇円を支払い、同年四月二七日に同消費税八四万六六〇〇円が銀行の自動引き落としとなった。この税務調査での追徴税額は〆て一八三六万八〇〇円となった。

高額となる追徴税額の計算を終えた若い調査官は、

「思いのほか税額が大きくなってしまいましたが、先生、その分来年の納税額は減りますから……」

「先生、これで先生は高額納税者ですよ」

などと下らないことを言う。いつの頃からか、この人たちは私のことを先生と言うようになっていたのである。京橋税務署といえば金持ちの多い銀座を管轄している。執行猶予中の刑事被告人が銀座管轄の高額納税者になった。まことに名誉なことで、私は誇らしく思った。

追徴実務がすべて終了した一二月初旬、トッカンがひょっこり築地の事務所を訪ねて来た。トッカンは、こんなことを言い出した。

「実は、私は来年の三月に定年で税務署を退官するのです。今回の調査が私の最後のお勤めになるのですが、長い税務調査官人生の最後に先生の調査ができて幸せでした。税務調査の着手時点では、先生が刑事事件で大変なご苦労をされていることなど微塵も存じ上げませんでした。結果は先生に大きなご負担をかけることになりましたが、調査を進めていくうちに、先生の会計のプロとしての姿勢にたいへん強い感銘を受けました。……先日近所の本屋で先生の本を買い求めてきました。これにサインをしていただけないでしょうか?」

トッカンは、古ぼけた鞄から『公認会計士vs特捜検察』を取り出した。その本にサインをしながら、私は、二〇〇四年三月九日の逮捕の日に思いを馳せていた。あの日から六年九カ月の年月が経ち、私は、白血病で亡くなった妻をはじめ、仕事先や友人・知人の多くを失った。しかし、私の逮捕勾留に微動もしないクライアントや友人もまた少なからず存在したのである。そして、この間、私にはトッカンのような不思議な出会いがいくつもあり、そのたびに私の支持者の輪は広がっていった。私の方こそ幸せで、私はこのような人たちに支えられて長い刑事裁判を闘ってきたのである。

3　犯罪会計学研究

年が替わり、渡英の準備は着々と進行した。そして、私は、二〇一一年二月二四日、成田空港からロンドンに飛び立った。最初の訪英は、留学を希望していたロンドン大学バークベック校法学修士課程の下見とロンドンの住居契約のためであり、私は、ロンドン市内ケンシントン地区ホランドパークのフラットを契約して、同年三月六日に一旦帰国した。帰国直前の二〇一一年三月四日、私は、すべての知人・友人・支持者・クライアント・経済レポートの購読者・マスコミ関係者に宛て、ロンドンから次の挨拶状を出した。

拝啓、三月になり春らしい日差しが少しずつ差し始める季節となりました。皆様、年度末のお忙しい日々をお過ごしのことと思います。

さて、私儀、かねて宿願の犯罪会計学の研究のため、三年ほどの期間、英国ロンドンに亡命することになりました。この機会を借り、日本で一方ならぬお世話になった御礼を申し上げる次第です。

私は、二〇〇四年三月にキャッツ粉飾決算事件により東京地検特捜部に逮捕・起訴され、一貫して無実を主張してきたのですが、残念ながら二〇一〇年六月に有罪が確定したものです。事件については、自白、動機、客観証拠のいずれもがなく、ただ共謀とされる日にアリバイだけがある私がなぜ有罪とされるのか、最後まで納得のいかない裁判の日々でした。そして会計上適正な財務諸表が、なんらの会計的立証もなく、ただ関係者の自白だけにより粉飾とされる馬鹿馬鹿しさに、現行経済司法の救い難い制度疲労を実感したところです。

その後、二〇一〇年九月に厚生労働省村木局長の無罪判決が出て、無理なストーリーを描いては自白を強要して事件を創作する特捜検察の醜態が広く社会に暴露されるところとなりました。日本社会は大きな歴史的衝撃を受けましたが、その実態は、私が拙著『公認会計士vs特捜検察』で主張していた通りのものだったではありませんか？　村木事件の結果、時代は特捜検察の全面見直しに入ることとなりましたが、この流れは残念ながら私の事件にはわずかに間に合いませんでした。

ロンドン滞在は、事件の有罪・無罪の結果にかかわらず、裁判中より決めていたことです。私は一九八三年から一九八六年にかけてＫＰＭＧロンドン事務所で働いていたことがあり、ロンドンには土地勘があります。私は、早稲田大学政経学部卒業後、公認会計士となり、ずっとＫＰＭＧで働いてまいりました。ＫＰＭＧ東京事務所で四年、ロンドン事務所で三年の経験を経て東京に戻り、そして手がけた最初の上場銘柄がキャッツだったのです。この長く不毛な事件を終結させ、新たな人生を歩き始めるにあたり、私はもう一度ロンドンから始めたいと思います。

私は、二〇〇四年三月の逮捕・起訴から二〇一〇年五月の最高裁上告棄却までの六年二カ月という長い期間を法廷闘争に費やしてきたことになります。この間、私は四千万円を超える弁護士報酬を支払い、三千万円を超える納税を行ってまいりました。日本の司法の現実は、金がなければ無罪を争うことなどできません。冤罪事件における自白調書の背景には、検察官による自白の強要といった時代錯誤的取調べ手法の問題以前に、自白しなければ生活が成り立たないという刑事被告人の経済合理性があるのです。

幸いなことに、私は、生活のために真実を司法に売り渡す必要がありませんでした。刑事被告人には稀有なこの経済的自立を可能ならしめたのは、延べ六万人にも及ぶ私の著書の読者の方々、一〇〇名を超える私の経済レポートの定期購読者、そして何よりも、この六年間に私の事務所を訪れていただいた多くのクライアントの方々のおかげです。ここに深く感謝申し上げます。有難うございました。

長い裁判の中で、私は会計の適正性と司法の虚偽記載の関係について深く考えざるを得ませんでした。そしてその考察が犯罪会計学として私の研究テーマとなり、また一方で、犯罪会計学は私の会計士業務そのものとなりました。日本でこのような研究をしている人は誰もいませんので、事件の結果、私は日本で唯一の犯罪会計学の専門家になったのです。

この研究は、日興コーディアルや日本航空といった財務諸表分析による粉飾有罪立証という側面と、小沢一郎政治資金規正法違反事件、緒方重威《しげたけ》朝鮮総連事件といった会計側面分析による事件無罪立証の両側面があり、ここに例示した事件は、いずれも今は懐かしい私の研究対象です。そして私は、経済事件の刑事被告人という立場にもかかわらず、これらの粉飾決算研究の発表の場に困ることがありませんでした。この六年間に私の事務所を訪れていただいた多くのメディアの方々のおかげです。深く感謝申し上げます。有難うございました。

最高裁上告棄却後、一年近くを今回の渡英の準備に費やしてきましたが、幸い今回、ロンドン市内ケンシントンの地に拠点を構えることができました。この間、気がかりだったのは、散々お世話になった日本のクライアントの継続業務のことでした。このため当初私は、現在の築地の事務所を継続すべく奔走したのですが、そもそも私のやっているような業務を引き継げる人など日本にいるはずもなく、結局、築地の事務所は閉鎖して、日本の業務は遠隔ロンドンから私が引き続き行うこととといたしました。インターネット環境はそのままロンドンにも移転しますので、四月以降も、現在と全く同じアクセスにより、ロンドン・東京ともにご連絡いただけます。

渡英といっても、裁判で勝って行くのと負けて行くのでは大違いで、現在の執行猶予中の身分では満足なビザが下りません。研究活動は経済犯罪学研究の進んだロンドン大学大学院修士課程を中心に行いたいのですが、そもそも大学の入学許可はビザがなければ下りず、そのビザは入学許可がなければ出ないというのです。やむなく観光ビザでの入出国を繰り返す以外に方法がなく、それもまた日本での業務の遂行上かえって好都合ですので、今後は、三カ月ごとに日本とイギリスを行ったり来たりの生活になります。渡英のご挨拶といっても、私は三カ月ごとに日本に戻り皆様とお会いすることができるわけで、このような贅沢なことができますのも、これまた、今回の渡英に当たり、非継続業務を顧問契約に切り替えていただいた多くのクライアントのおかげです。深く感謝申し上げます。有難うございました。

最高裁の上告棄却後今回の渡英までに一年の準備期間を要しましたが、この結果、私の執行猶予期間は一年減って残り三年となりました。思えば平成一六年三月の逮捕・起訴後の私は、公認会計士業務と国際業務という両翼を縛られた状態で、低空飛行を余儀なくされていたようなものです。起訴および執行猶予中には厳しい渡航制限が課されているので、私の得意とする国際業務は現在も大きな制限を受けているのです。しかし、今回の渡英が終了する頃には、奪い取られたその両翼も自然回復をいたします。そして、これこそが今回の渡英の最大の目的でもあります。

ロンドンの拠点はケンシントンの観光地でもあります。ロンドンにお出かけの際は、ぜひお立ち寄り下さい。また、ロンドンの住所・連絡先・日英滞在スケジュール等につきましては、随時ホームページを更新いたしますので、そちらをご参照ください。今回の渡英終了後、さらに大きなスケールでお会いできることを楽しみに、皆様のご健勝をロンドンの地よりお祈り申し上げております。

敬具

二〇一一年三月四日
英国ロンドン市ケンシントンにて

4 ロンドン入管勾留

この年の三月一一日、東日本大震災があった。震災で社会が騒然としている中、私は四月一日にロンドンに向けて再出国した。二カ月ほどロンドンに滞在し、六月二二日に再帰国、そして七月五日に再々出国とやったのであるが、三度目の英国入国はできなかった。

私は、執行猶予中の刑事被告人に特別に発行される限定旅券の観光ビザで出入国を繰り返していたのであるが、ヒースロー空港の入国審査官が、

「これだけ短期間に観光目的で何度も訪英するのはおかしいではないか?」

と言うのである。やむなく、私は、

「一〇月からロンドン大学に留学予定のため、その下準備で訪英している」

などと、本当のことを答えた。入国審査官は、

「その場合は、留学ビザを取ってから入国すべし」

と、にべもない。私は乗ってきた航空会社の次の帰国便に乗せられ、日本に戻されてしまった。

執行猶予中の刑事被告人が英国の留学ビザを取るのは、駱駝を針の穴に通すほど難しい。そもそも、

基本的に、刑事被告人にはビザの前提となるパスポート（旅券）が発行されない。刑事被告人に海外渡航をすべき特別な理由がある場合、刑事被告人はその旨を外務大臣に願い出ることができる。そして、その特別の理由なるものに酌むべき事情が認められる場合、日本国外務大臣は、渡航対象国並びに渡航期間を限定した限定旅券を発行することができる。ここで、仮に、海外留学が酌むべき事情として長期限定旅券が発行されたとしても、その限定旅券に対して英国政府が留学ビザを発行するかどうかは分からない。

帰国後ほどなくロンドン大学から条件付き入学許可が出た。ＩＥＬＴＳ英語試験の高得点が入学条件とされていた。ロンドン大学が外国人留学生に求める英語要件について、私は英検一級の合格認定書を充てていたのであるが、ロンドン大学は、

「英検一級では法科大学院修士課程で行われる高度な英語のディベートに耐えられるかどうか疑問」

と言うのである。私は急遽ＩＥＬＴＳを受験し、その得点をロンドン大学に送付した。ロンドン大学は二〇一一年一〇月一日開講の無条件入学許可証を送付してきた。

パスポートは、東京都庁旅券課の尽力もあり、かなり長期の限定旅券が出た。こうして、満を持して、英国大使館ビザセンターに留学ビザを申請したのであるが、二〇一一年九月一五日、私の留学ビザ申請は却下されてしまった。理由は、私の有価証券報告書虚偽記載罪による有罪履歴である。ビザの申請却下決定書には、決定に不服がある場合は、フィリピン共和国マニラにあるビザ発給不服審判所に不服申し立てをすることができる旨の記載があった。私は、私が無実であること、犯罪会計学の研究はロンドン大学でしか行い得ないことを縷々説明した申立書をマニラの不服審判所に送付した。

二〇一一年一〇月一日、ロンドン大学の入学登録日がやってきたが、マニラから不服審判結果はまだ出てこない。ロンドン大学からは、入学登録を一〇月一五日まで待つので早く登録を済ませるよう督促があった。この時の私にはマニラの不服審判における逆転判定に賭けるしか道はないわけで、私は、毎日郵便ポストを覗き込んでは今か今かと判定通知を待っていた。そして、判定結果が郵送されたのは一〇月一三日のことであった。駄目だった。

私は急遽全日空の英国便を手配し、ロンドンへ飛び立った。ロンドン大学が私を待っている。もとより、日本国のパスポート所持者にはビザなしで三カ月の英国滞在が許されている。私は、英国の留学ビザが取れなかったが、かなり長期の限定旅券を持っている。私の二月と四月の英国入国はこれを利用したわけであるが、今回留学ビザの取得に失敗したからといって、日本国旅券の所持人に固有の滞在許可まで奪われることもないだろうと思ったのである。しかし、私の都合の良い解釈は英国入国審査官により一発で粉砕されてしまった。私はヒースロー空港で英国入国管理法違反により現行犯逮捕された。

英国ヒースロー空港から車で一〇分くらいのところに英国入国管理法に基づく拘置所がある。私はここに一泊し、翌日の全日空便で日本に強制送還された。私は、有価証券報告書虚偽記載罪の容疑により日本で一九〇日の勾留を受けたが、今度は、英国入国管理法違反で二日の勾留を受けることとなった。二一世紀初頭は特捜検察による長期勾留が最も激しかった時代なので、私以上の長期勾留を受けた人は数多くいるであろうが、日英通算一九二日の勾留というのは本邦に例がないのではないかと思う。

第2章　ジオス倒産

1　ジオスの英会話教室

二〇〇九年五月から二〇一〇年四月にかけて、ジオスの破産処理の仕事をしたことがある。ジオスは英会話教室の運営会社で、テレビコマーシャルを全国ネットで流していたこともあり、当時の日本ではかなり有名な英会話学校であった。私とジオスの関わりは、二〇〇九年五月、ジオスの顧問弁護士からジオスの財務分析をしてもらいたいとの依頼があったことに始まる。

顧問弁護士の話によれば、

「ジオスは一九八〇年代から九〇年代にかけて急成長した英会話教室であるが、二〇〇五年頃から売上が低下し始め、ここにきて急速に資金繰りが悪化している。国内の英会話教室は把握しているが、海外子会社が多くあり、その状況がよく分からないので、海外子会社の財務調査を行ってもらいたい」

とのことであった。

もとより学校経営は資金繰りで苦労するということがない。なぜなら、学校の授業料は生徒から前金でもらうからで、その前金の範囲で支払をしていく限り、学期末には学校に必ず一定額の金が残ることになっている。学校の変動収入たる授業料収入は一学期分の前金、変動支出たる講師料は月々の後払いなのだから、学校は、生徒からもらった一学期分の授業料から月々の支払をしていけばいい。余計な支払がない限り、金が足りなくなることはない。

ということは、学校には、学期中のどの段階をとってみても、常に銀行口座に現金があるということを意味する。この金は生徒からの「預り金」で、仮に約束した授業ができなかった場合、学校はこの金を生徒に返還しなければならない。現金残高は学期始めほど多く、学期末ほど少ない。そこで、学校経営において生徒数が増えると、学期始めの現金残高は大きく拡大する。生徒数が毎月加速度的に増えると、学期始めの現金残高拡大現象もまた加速度的に大きくなり、学校には現金が唸るほど積み上がることになる。

少なからぬ学校経営者は、この現金に手を付け、授業料を投資に回してしまう。これがついこの間までそんな大金を手にしたことのなかった学校経営者の悲しいところで、彼らは、現金が銀行口座に残っていることの恐怖に耐えられないのである。富者と貧者の違いがここにある。富者は、億を超える人の金を平然と現金のまま持ち続けることができる。貧者は、現金が怖くて仕方がない。現金はそれ自体として金を生むことがないので、それを現金のまま持ち続ければ、投資の機会損失を出し続けるのと同じと言うのである。人の金でも、それを元手に儲けが出れば、その儲けは自分の金になるではないか。

ジオスの場合は、急成長による余剰資金はすべて英会話教室の設営資金として再投資に回されていた。ジオスは、一九七三年、徳島市内西新町の英会話教室としてスタートしたものが、折からの英会話教室ブームに乗って、一九八九年には一〇〇教室を突破、一九九三年には二〇〇教室、一九九七年にはなんと三五〇教室となってしまった。三五〇教室と言えば、日本全国ジオスの英会話教室のない主要都市はないという規模になるが、ジオスの前金再投資は止まることを知らない。ジオスは二〇〇一年頃から海外の英会話学校の買収を次々と行うようになった。

私が調査を行った二〇〇九年五月時点で、ジオスの海外拠点は、オーストラリア一〇法人、台湾二法人、ニュージーランド一法人、韓国二法人、中国一法人、フィリピン一法人、タイ一法人、シンガポール一法人、香港一法人、米国一法人、カナダ一法人、コスタリカ一法人、英国二法人、フランス一法人、アイルランド一法人、スペイン一法人、イタリア一法人、マルタ島一法人、南アフリカ共和国一法人の全海外三一法人となっていた。

一方、ジオスの事業急拡大を支えていた売上は、二〇〇六年の一四六億円をピークとして、二〇〇七年一三三億円、二〇〇八年一一一億円、二〇〇九年九二億円とつるべ落としで下降していった。当然のことながら、ジオスの資金繰りは加速度的に悪化する。この頃のジオスは二一億円の銀行借入金により運転資金を回していたが、海外子会社の調査は、その銀行団からの依頼を弁護士が私につないだものだったのである。

二〇〇九年五月、私はジオスの海外事業統括部門を訪問し、二週間ほどかけてジオスの全三一海外子会社の財務調査を行い、その報告書を弁護士宛に提出した。私とすればよくある単発の財務調査業務と思っていたのであるが、この年の一二月、件の顧問弁護士から連絡があり、急遽ジオスの連結財務諸表を作成してほしいとの依頼があった。

この年の年末にジオスは銀行借入の更新期を迎えるのであるが、銀行が借入更新の条件として連結財務諸表の提出を求めてきたというのである。ジオスは連結財務諸表など作成したことがない。私は急遽ジオスを再訪し、海外全三一子会社を含む連結財務諸表を作成した。しかし、銀行は借入更新を行わなかった。

2　民事再生CFO

年が替わって二〇一〇年になった。私は麴町にあるジオスの顧問弁護士の事務所を訪問し、次のような報告を行った。

- 先生の依頼により連結財務諸表を作成して銀行に提出したが、銀行は借入の更新を行わなかった。
- この結果、ジオスの資金繰りは行き詰まり、一月末の全従業員一五四八名の給与は、その支払原資の目途が立たない。
- 資金繰り悪化は、常軌を逸した英会話教室の増設と海外投資に原因があり、この結果ジオスの固定費は異常な高水準となっている。
- ジオスの海外子会社は、多くが赤字経営で、いくつか利益を出しているところもあるが、そういう会社からジオスは資金を吸い上げている。

- この結果、すべての海外子会社は資金繰りが危機的水準にあり、優良子会社といえども倒産の危険性がある。

顧問弁護士は、私の報告が終わるや否や、こんなことを言い出した。

「細野先生、ジオスはもう持ちませんね。民事再生を申請しましょう。ついては、先生には、引き続き、民事再生の財務面でのお世話をお願いします」

まるで、私の報告などとっくの昔から知っていたかの如き手際の良さではないか。この頃、ジオスは給与の遅配を繰り返していたが、その張本人たる経営者は逃げ回るばかりで、会社は当事者能力を失っていた。顧問弁護士とすれば、民事再生法を申請しようにも、そのための財務資料を作成できる人など社内には誰もいなかったのである。こうして私はジオスの民事再生CFO(最高財務責任者)になった。

二月になりジオス・オーストラリアが倒産した。ジオスの民事再生申請は四月初めと予定されていた。何とかして、三月末までのジオスの資金繰りを付けなければならない。私は、国内の英会話教室の閉鎖と優良子会社の売却で資金繰りを付けることにした。

英会話教室を閉鎖すると、その教室の賃貸借契約が解除され、敷金が戻ってくる。英会話教室の閉鎖など自殺行為に他ならないが、すでにジオスは民事再生と決まっている。私は、全国の英会話教室ごとに返還される敷金と原状復帰費用の一覧表を作成させ、予想入金額の大きい教室の順に英会話教室の閉鎖を指示した。

優良子会社の売却も同じ理屈で、ジオスの子会社の多くは赤字の垂れ流し企業だったが、なかにはカナダ・イギリスなど優良子会社もあるわけで、私はそれら優良子会社を次々と売却し、その代金を三月末までの運営資金の支払に充てることにした。ジオスは、敷金の返還と海外優良子会社の売却で二月末の支払を行い、残るは三月末の最後の支払を乗り切るだけとなった。

私は三月末の支払には自信があった。虎の子の九段日本語学院を売りに出していたからである。九段日本語学院はジオスの国内子会社で、外国人に日本語を教える日本語教室を運営している。九段日本語学院は二〇〇八年九月期が売上高二億六六〇〇万円、経常利益が四三〇〇万円、当期純利益が二四〇〇万円、二〇〇九年九月期が売上高二億三二〇〇万円、経常利益が三一〇〇万円、当期純利益が一八〇〇万円と、ジオスの子会社とは思えないほどの好業績で、ジオスはこれを一億円で売りに出していた。

三月になり、民事再生のスポンサー企業が決まった。三月末の支払予定は遅延分を含む従業員給与八〇〇〇万円だけが残っている。裁判所との事前打ち合わせでは、「従業員給与だけは民事再生の申請前に支払っておくように」との指導があった。ところが、頼みの九段日本語学院の売却は遅々として進まなかった。

経常利益三〇〇〇万~四〇〇〇万円を安定的に出している会社に一億円という破格の安値を付けているので、買収の申し出はいくつも来るのであるが、なぜか買収決定には至らないのである。この頃、ジオスの信用不安の噂はかなり広まっていたので、足元を見られたのではないかと思う。ならば、私とすればなおさら悠然と構えているべきであるが、そういうわけにもいかない。どうしても月末までに八〇〇〇万円の現金が要るのである。窮した私は、懇意にしているクライアントの社長に電話をすることにした。二〇一〇年三月二四日水曜日のことである。

私はその電話で、自分がジオスの民事再生会計管理人をしていること、裁判所の指導により民事再生の前に従業員の三月分の給与八〇〇〇万円を支払っておく必要があること、このため九段日本語学院を一億円で売りに出しているが足元を見られて売却が進まないこと等を縷々説明し、九段日本語学院を買ってくれないかと持ちかけた。

「先生、その会社は良い会社ですか？」

「それは経常利益を毎年三〇〇〇万円から四〇〇〇万円も出しているのですから、良い会社なのは間違いありません。一億円で売りに出しているのですが、ジオスは月末の従業員給与さえ払うことができればそれでいいので、即金で買ってくれるのなら八〇〇〇万円で結構です。八〇〇〇万円なら二年で回収できるので、安い買物になると思います」

「それで先生、金はいつまでに払えばいいんですか？」

「給料日が三一日の水曜日ですから、その前日までに金が要ります」

「分かりました。先生がそう言うんだったら、その会社、うちで買ってもいいですよ。金はすぐ払い込みますから……」

九段日本語学院の売却代金は三月二九日月曜日にジオスの銀行口座に着金した。こうして私は九段日本語学院を売却し、三月三一日、ジオスの全従業員に最後の給料となる八〇〇〇万円を支払った。

同日、私は、残務整理のための若干の社員を残して、全員を解雇した。

四月になった。ジオスはスポンサー企業との最終調整が付かず、民事再生の申請ができなかった。二〇一〇年五月、ジオスは破産申請を出した。私のジオスに対する業務はこれにてすべて終了した。最高裁判決の直前だった。

3　九段日本語学院

二〇一一年一〇月一七日、私はロンドンから強制送還され、しばらく茫然とした後、ロンドン強制送還の事情説明のためクライアント回りをした。九段日本語学院を買ってくれた例の社長のところには第一番に挨拶に行った。社長はこんなことを言い出した。

「先生、そんなロンドンなんかに行かなくて良かったですよ。先生は日本でいくらでも仕事がありますから……。ところで、先生に言われて買った九段日本語学院のことですが、あれからうちで経営しているんですが、うちはもともとコンピューターのシステム会社で学校とは何の関係もないし……、そしたら三月に東日本大震災がやってきて、外国人学生がみんな本国に帰っちゃって、生徒がいなくなりました。あの学校はうちではもう手に負えません。あれはもともと先生が良い会社だって言うからうちは買っただけのことで、東日本大震災は先生のせいじゃありませんけど、ここはひとつ、先生が責任を取ってくれるということで……。先生、九段日本語学院の社長をやってくれませんか？」

私は、社長のこの言い分をまことにもっともだと思った。あの時、私は確かに九段日本語学院が良い会社だと言った。社長は公認会計士としての私の言葉を信じて八〇〇〇万円もの金を送金してくれたのである。

実に異常なことではあるが、九段日本語学院のデューデリ(買収監査)は買収代金の入金直後に行われた。デューデリ初日、九段日本語学院の直近の月次試算表を見て、私は、九段日本語学院の資金が昨年の銀行借入のドサクサ時にジオスに吸い上げられ、財務内容がひどく劣化していることが分かった。私は驚愕し、デューデリの現場から急遽社長に電話した。

「社長、いま九段日本語学院のデューデリを始めたところなのですが、去年の秋口に九段の金が一億円ほどジオスに貸付けられていることが分かりました。ジオスに貸した金は返ってきません。八〇〇〇万円は今朝ジオスの銀行口座に着金していますが、返金させましょうか?」

「……。先生、それで九段の資金繰りは持ちますか? 資金繰りが付くのなら別に収益力が悪くなったわけでもないんでしょうから、返金なんかしなくてもいいですよ」

あの金がなければ、私は、一五〇〇名に及ぶジオスの従業員に最後の給料を払ってやることができなかった。これら従業員は非常勤の外国人講師と日本人の常勤職員であり、この給料が支払われなければ、外国人講師は日本に対する最悪の不信感をもって本国に帰国したであろうし、日本人常勤職員はジオス倒産後の人生の再出発に大きな困難を抱えたに違いない。

その後、九段日本語学院の売上はジオス倒産の風評被害を受けて落ち込み、そして、ジオスに対する貸付金が貸し倒れとなり、その上さらに、東日本大震災で外国人学生が一斉に帰国したのである。私は公認会計士として嘘をついたことになる。私は、私が公認会計士として吐いた言葉を守らなければばならない。こうして、二〇一一年一二月一三日、私は九段日本語学院の代表取締役社長に就任した。

九段日本語学院の再建には自信があった。日本に数多ある日本語学校の多くは学生ビザによる外国人労働者受け入れの隠れ蓑として機能している。学生ビザは労働ビザに比べてはるかに取りやすいのである。そんな中で、「日本文化研究に基づく日本語教育」などと、教育理念を前面に打ち出した学校経営を行っている日本語学校などそうそうあるものではない。九段日本語学院は日本語教育業界保守本流の名門校なのである。

この結果、多くの日本語学校の学生の出身国が韓国・中国・ベトナム・ネパールのアジア四カ国に極端に偏重しているのに対し、九段日本語学院の学生の出身国はイギリス・ドイツ・イタリア・ロシア・アメリカ・カナダ・オーストラリアが多く、アジアからの学生と合わせて理想的なナショナリティ・ミックスとなっている。生徒募集のエージェントも、他の日本語学校がアジア系労働者派遣型エージェントを使っているのに対して、九段日本語学院は長く欧米留学型エージェントを使っている。欧米系学生は、東日本大震災による原発放射線被害への警戒から本国に帰国しているが、いずれ時間が経って落ち着けば日本に戻ってくるに違いない。

聞けば、そもそも九段日本語学院は、神田神保町界隈に居住していた著述家の方が個人で創立したのが始まりだそうである。九段日本文化研究所・日本語学院という学校名は創業者の命名による。ところが、これが武士の商法で経営が成り立たなくなっていたところ、これを救済買収したのが当時絶好調のジオスだったのである。ジオスは九段日本語学院をアンビック・インターナショナルという法人で買収した。九段日本語学院はジオスの手で再生されたのである。

だから、私が就任したときの九段日本語学院は、学校名が「九段日本文化研究所・日本語学院」で、会社名がアンビック・インターナショナルとなっていた。私は、創業理念を表象するこの学校名をすばらしいと思い、会社名を「九段日本文化研究所・日本語学院株式会社」と登記変更し、学校名と法人名の統一を行った。

4　九段日本文化研究所

九段日本語学院の社長に就任直後、私は学院の校長に、

「ところで、九段日本文化研究所・日本語学院と言うけれど、九段日本文化研究所は何処にあるのですか？」

と尋ねた。校長先生は、

「えっ？　あれは理念としての名前で、研究所が実際にあるわけではありません」

と言う。これはいけない。私は、九段日本語学院とは別に、九段日本文化研究所を作ることにした。

就任直後の九段日本語学院はとにかく金がなかった。東日本大震災でほとんどの外国人学生は帰国してしまったが、それでもアジア系学生を中心に帰国しない学生もいるわけで、たとえ数人でも学生がいる限り学校は授業をやらなくてはならない。授業をやる以上、教室の賃貸借契約は解約するわけにはいかず、常勤職員と常勤講師の給料は払い続けていかなくてはならない。東日本大震災後の九段日本語学院は、毎月赤字の垂れ流し状態で、取り柄といっては銀行借入がないことくらいで、あるの

は未払の延滞賃料だけというありさまだったのである。

金がなければ何もできない。私は五〇〇〇万円の第三者割当増資を行うことにした。幸いロンドンから強制送還されたばかりだったので、私の手元にはロンドン大学の留学費用一〇〇〇万円が手つかずのままあった。私はこの一〇〇〇万円を九段日本語学院の増資金として払い込んだ。親会社にも四〇〇〇万円の増資を割り当てた。親会社は、私に詰め腹を切らせるようなことをした後ろめたさがあるので、ただちに四〇〇〇万円を払い込んできた。九段日本語学院の再建はこの五〇〇〇万円から始まった。

増資金五〇〇〇万円を得た私は、学院ビルのオーナー会社を呼び、延滞未払賃料を一括で支払うとともに、こんなことを言った。

「ところでこのビルの最上階ですが、なんか、空いているみたいですね。あれをうちに貸してもらえませんか?」

「えっ……」

ビルのオーナー会社にしてみれば、昨日まで家賃も払えない貧乏学校が、延滞の未払家賃を一括で払ってくれたのは嬉しいものの、それに輪をかけて、賃借フロアの借り増しをしたいなどと言い出したのである。

「学生さんが戻ってきたんですか?」

「いや、それはまだまだなんですが、今度、学校とは別に九段日本文化研究所を作らないといけないものですから、研究所用のフロアを探しているのです」

「ふーん」

それでも大家は最上階を貸してくれることになった。私は最上階を改装し、ここに茶室、生け花教室、書道教室、インターネット・ブース室を作り、フロア全体を九段日本文化研究所とした。

この当時、九段日本語学院はビルの二フロアを借りており、一階の事務室を除き、フロアはすべて教室として使われていた。私は、最上階の改装のついでに教室のいくつかを潰し、教師の職員室と図書室並びに保健室を作ることにした。これは教職員の大反対にあった。

教職員は、

「教室が少なくなれば生徒が戻ってきたときに困る」

と言うのである。それを言うのであれば、そもそも学校と言いながら職員室や図書室あるいは保健室がないこと自体がおかしい。学校教育の質を維持するためには職員室と図書室並びに保健室は譲れない。私は、

「生徒が戻れば、その時はまたどこかを借りればいいだけのことだ。ビルなんかいくらでも空いている」

として強行した。

教員の給料が安いのにも驚いた。日本語学校の教師の多くは時間給の非常勤講師である。時間給は一二〇〇円から一八〇〇円程度となっており、それだけ見ると特に安いというわけでもないが、実は、この報酬は一時間当たりの報酬とはなっていない。日本語学校の世界では、非常勤講師の時間給は授業一コマ当たりの報酬額なのである。

普通、一コマ一時間の日本語授業をやるためには、教師は少なくとも一時間の事前準備を行い、また、生徒の出欠あるいは成績管理や試験の採点等で少なくとも一時間程度の事後管理時間がかかる。すなわち日本語授業の一コマは三時間の労働時間に相当する。日本語学校非常勤講師の本当の時間給は名目上の時間給を三で割った金額となり、それは東京都の定める最低賃金を下回っている。こんなふざけたことは許せない。

日本語学校の世界でなぜこのような報酬制度が横行しているかというと、そもそも日本語の非常勤教師のなり手が圧倒的に多いため、学校側は、日本語教師の実質時間給をいくら安くしても採用に苦労することがないからである。日本語教師の希望者の圧倒的多くは高学歴の主婦であり、この人たちはご主人の収入で十分生活が成り立っているため、別に金が欲しくて働きたいと思っているわけではない。彼女たちにとって、外国人に日本語を教えるというのは、スーパーのレジ打ちのパートをするのと違い、ご近所に聞こえの良い知的な副業なのである。だから、日本語教師養成学校に通って金と時間を投資したにもかかわらず、スーパーよりもはるかに低賃金重労働の日本語教師になりたがる。

九段日本語学院では、勤続年数が長い非常勤講師の先生が多かった。就任後、私は全教職員との面談を行ったが、その結果、ただでさえ安い非常勤講師の時間給がここ数年間まったく改定されていないことが分かった。また、常勤・非常勤にかかわらず、教師の人事評価というものは一切なされておらず、給与改定もないこと、それは職員も同じで、職員についてはジオス出身者と九段採用者との間で理解不能な給与格差があり、そもそも給与テーブルも人事評価制度もないことが分かった。

私は、九段日本語学院の教職員の給与報酬体系を全面的に見直すこととし、その改定計画案を学院側に提示した。この改定案の骨子は次のようなものである。

①九段日本語学院の教師は現在その大半が非常勤講師であるが、今後は常勤講師を主力とし、非常勤講師の割合を減少させていく。常勤講師の募集を行う。

②非常勤講師の時間給は、実質時間給で東京都の最低賃金を下回らない額とする。

③常勤・非常勤にかかわらず教師の人事評価を年に一度行う。人事評価において一定の基準点を獲得できない非常勤講師は契約更新を行わない。

④常勤教職員について給与テーブルを採用し、人事評価の結果と給与テーブルを連動させる。

⑤すべての教師に対し職業専門家教育プログラム(CPE：Continuous Professional Education)を義務付ける。CPEの履行を怠る非常勤講師は契約更新を行わない。

この改定案もまた学院側の強烈な抵抗にあったが、私は強行した。新しい評価報酬制度は就任翌月の二〇一二年一月から施行した。

先生方は反対していたが、給与改定の結果、すべての教職員の給与は上がることになり、なかには月額給与が一気に四〇%も上がった先生もいた。ただし、すべての教職員はこれから今まで一度もされたことのない人事評価を受け、CPEをこなしていかなくてはならない。

新しい評価報酬制度の導入が人件費の大幅な増加につながることは分かっていたが、私は怯むことがなかった。なぜなら、当時、日本語学校が儲かるということで新規参入が増え、日本語教育業界は過当競争になっていたからである。過当競争の結果、一部の日本語学校では授業料のダンピングさえ始まっていた。

多くの経営者が誤解しているが、価格競争の勝者が過当競争マーケットの勝者となるわけではない。品質競争の勝者こそが過当競争マーケットの勝者となることを私は知っている。とりわけ、教育サービス業においては、低価格は低品質と同義という社会認識がある。ならば、過当競争マーケットにおいて高品質で差別化を図れば、マーケットは必ずやその学校に栄冠を与えるに違いない。

5 代表取締役の解任

当初、私は、

「九段日本語学院は生徒数が足りないのだから、自分は営業だけやって学生を集めてくれればいいんだろう」

などと、わりと軽く考えていた。ところが実際に始めてみると、件のごときで、九段日本語学院の社長業はとてもではないが会計事務所の片手間にできるような代物ではなかった。私は、毎日、九段日本語学院に通勤するようになった。

九段日本語学院の社長になったからといって、それは私のクライアントには関係のないことで、こうしている間にも、私はクライアントのさまざまな問題を処理していかなくてはならない。築地の事務所はロンドン大学の留学騒ぎですでに閉鎖している。私は、クライアントに事情を話し、打ち合わせなどの場合は九段日本語学院に来ていただくようお願いした。学校の教室は、いつもどこかは空いており、教室がいっぱいでも、私には九段日本文化研究所がある。私は職権濫用により、そこを細野祐二会計事務所の会議室として使うことにした。

これは窮余の一策ではあったが、クライアントには意外と好評だったように思う。九段日本語学院は都心のど真ん中にあり交通の便が良い。私はいつもそこに張り付いている。予約なしで来てもいつも私は学校にいる。

クライアントの方は学校の教室に何か郷愁のようなものを感じるらしく、

「なんか、昔、学校の先生に教室に呼び出されて説教を食らっている感じがしますね」

などと言って喜んでいた。

こうして私は、九段日本語学院で三年の年月を過ごしたが、この間の業績の回復は素晴らしいものとなった。九段日本語学院は、就任初年度の二〇一二年九月期に債務超過を解消し、二年目の二〇一三年九月期に期間損益の黒字化を達成し、三年目の二〇一四年九月期には累積欠損を一掃して余剰金を出し、株主配当までをすることができた。「運」だったと思う。

まず、なんといっても私の就任のタイミングが良い。私が九段日本語学院の社長に就任した二〇一一年一二月は東日本大震災から九カ月目で、震災の風評被害がようやく収まりかけていた時期に当たる。事実、九段日本語学院でも、この頃から外国人学生が少しずつ戻り始めていたのである。その中で、私は、九段日本語学院の生徒数の減少は東京電力の原発事故の風評被害に当たるとして、東京電力に損害賠償を請求していたのであるが、これが認められ、約二〇〇〇万円の賠償金が東京電力より入金した。この金はありがたかった。

次に、就任二年目の二〇一二年一二月にアベノミクスが始まった。アベノミクス自体は学校経営に関係がないが、アベノミクスの結果起きた円安は九段日本語学院の業績を大きく改善させた。

九段日本語学院の授業料は年間約八〇万円程度である。海外から日本語学校に留学する学生は、授業料のほかに生活費として年間一二〇万円程度を用意してくる。もちろん月一〇万円の生活費で東京では暮らしていけないが、日本の入国管理法上、留学生は週三五時間を限度とするアルバイトが許されている。日本語学校への留学コストは年間約二〇〇万円程度になるが、これはすべて円払いのコストなのである。

私が九段日本語学院の社長に就任した頃の為替レートは一ドル八〇円程度であった。この為替レートは、アベノミクスが始まるや、あっという間に一ドル一一〇円になった。四割近い円安ということになるが、ということは留学生の円建て留学コストは四割安になったということを意味する。ただでさえ外国人学生が戻り始めていた上に四割の円安が重なったのだから、九段日本語学院の生徒数は月を追うごとに増えていったのである。

そうしたところ、二〇一三年九月にはオリンピックの東京開催が決定した。二〇二〇年東京オリンピックのキャンペーンが大々的に展開されたが、それは、九段日本語学院の販売促進キャンペーンと同等以上の効果があった。

二〇一四年一一月末、九段日本語学院は二〇一四年九月期の株主配当金を支払った。すぐさま、親会社の社長から私宛に、次のメールが送付されてきた。

「九段日本語学院の配当金を受領しました。ありがとうございました。つきましては、九段日本語学院の経営は当方で行いたいと思いますので、先生には九段日本語学院の社長を退任していただきます」

二〇一四年一二月一〇日、九段日本語学院の株主総会が開催され、私は代表取締役社長を解任された。解任に当たって、親会社の社長は、

「これは解任ですが、先生の辞任ということにしてくれませんか?」

と聞いてきた。この人は何か勘違いをしている。私は、好きで九段日本語学院の社長をやっているわけではない。私は、

「もちろん辞任で結構です」

と答え、ただちに親会社がすでに用意してきた辞任届に署名・押印した。議案は全員異議なく承認された。この日は私の六一歳の誕生日だった。

九段日本語学院の代表取締役社長の解任はその手順として不愉快なことではあったが、私は幸せだった。私は、三年の年月をかけて、公認会計士として私が吐いた言葉を守ることができた。私は、職業会計人としての達成感の中で九段日本語学院を辞めることができる。これで、私は、誰に気兼ねすることもなく、自分の天職ともいうべき犯罪会計学の研究に没頭することができるのである。

第3章　自動車販売

1　所有と経営の分離

九段日本語学院を解任された翌日、かねて昵懇の事業会社会長が私の自宅にやってきた。なぜかこの人は私が九段を解任されたことを知っている。

「先生、九段を首になったらしいじゃないですか」

「はい、おかげさまで、やっと自由になれました」

「これからどうされるんですか？」

「ずっと犯罪会計学の研究をしたいと思っていましたので、研究生活に入るつもりです」

「駄目です。先生はそんな引退するような歳じゃないじゃないですか。先生には、今うちが採めている郡山の会社の問題を早く解決してもらって、それから先生は郡山の会社の立て直しをするのです」

会長は日本国内でいくつもの事業会社を経営していたが、その中で、福島県郡山市にある自動車販売会社の持株が親族間の所有権の争いで係争中となっていた。この所有権係争事件は、ライブドア事件の最高裁上告審以来お付き合いのある弘中惇一郎弁護士に調停をお願いしており、私はその財務会計面のサポートをしていた。

年が替わり二〇一五年となった。自動車販売会社の係争は和解の方向で調停が進行し、同年七月和解案が合意された。私は、二〇一五年八月八日、福島県郡山市の自動車販売会社に取締役副社長として赴任した。

私の赴任前、会社の二〇一五年三月期の売上高は三五億円で、当期純利益三九〇〇万円を出していた。同期末の総資産は一四億円、総負債が一〇億円、資本金一〇〇〇万円で純資産四億円とまずまずの財務内容であるが、経営者借入金がなんと五億円もあった。要するに、会社の運転資金は経営者の個人資金で賄われていたのである。

このような財務資本構造の下では、オーナー株主が代表取締役社長となり、それが最大の債権者でもあるのだから、オーナー経営者には全権力が集中する。絶対権力は、それが長期化すると会社の私物化となり、経営体を弱体化させていく。私は長い公認会計士生活において、優れた経営者がその晩年に会社を私物化して駄目にしていった事例をたくさん見てきた。それは会社のためにならず、従業員のためにならず、そして、オーナー経営者自身のためにもならない。この自動車販売会社で私が真っ先に手掛けたのは所有と経営の分離である。

赴任後ほどなく、私は会社のメインバンクに挨拶に行った。私は、銀行の支店長に、会社の課題は所有と経営の分離にあること、そのためには、現在ある五億円の経営者借入金を銀行借入に替える必

要がある旨を話した。すると支店長は、

「銀行も先生と同じ思いです」

と言うではないか。しかし、だからといって銀行が五億円の新規融資をしてくれるわけではない。会社の所有不動産はもうすでに銀行の担保に入っており、田舎の不動産では五億円の担保余力が出てこないからである。

私は、月次決算を翌月の二週間以内に締めるよう経理部を指導した。その月次決算も、月次貸借対照表と月次損益計算書に月次部門別損益計算書を加えたものとし、私自身が、毎月欠かすことなくこれをメインバンクに持ち込んで説明をするようにした。すると、そのたびに銀行は、グループ会社の複雑怪奇な資本関係について次々と質問を投げかけてきた。私は、その質問に対し、逐一詳細な資料を作成し、なぜこのような持株関係になっているのか、株主間の人間関係も含めて丁寧に説明した。私は、銀行監査の経験が多かったので、銀行の嫌がること・喜ぶことをよく知っていたのである。

これを赴任翌月の二〇一五年九月から毎月続けていたところ、二〇一六年一月、銀行は無担保・無保証で五億円の金を長期で貸してくれた。五億円の金は入金後ただちに会長の個人口座に送金され、会社の経営者借入金はここに消滅することとなった。

2　製造原価の削減

月次決算の指導を始めて間もない頃、私は、会社の部品在庫と部品原価が合わないことを発見した。

会社には自動車の修理工場が二つもあったので、そこで使う自動車部品は多品種大量となり、月々の部品購入額も相当の金額となっていた。月初の部品在庫に部品購入額を加算して部品消費額を控除すれば月末部品在庫(これを帳簿棚卸額という)とならなければおかしい。ところが、この会社で実際に月末の部品在庫を棚卸してみると、実地棚卸額はいつも帳簿棚卸高よりも少なくなっていた。棚卸差額は、少ない時で数十万円、多い時には三〇〇万~四〇〇万円もあった。会社の棚卸差額は常に実地棚卸の不足として出るので、これも一年分累積すると数千万円の損害となる。

会社は部品の在庫管理を行っていなかった。部品在庫といっても、自動車の部品はタイヤ、ワイパー、オーディオ、ナビなど汎用品が多く、単価も一個数万円のものがざらにある。それとなく探りを入れてみると、社員が会社の部品在庫を勝手に持ち出して自分の車に付けたり、あるいは、知人の車に付けて代金を着服していることもあるらしい。しかし、私は犯人捜しをしなかった。そんなことをすれば、社員の大半が懲罰対象となってしまうような気配があったし、そもそもこんなことは、最低限の内部統制を整備していない会社に責任がある。私は、在庫管理システムを導入して、従業員の過去の横領を不問に付した。

会社は二つの外車販売店と一つの中古車販売店を経営しており、二つの外車販売店はそれぞれの付属整備工場を持っている。整備工場は第一義的に外車の修理のためにあるが、そもそも当社の外車販売店は新車を売っているので、高級新車がそう簡単に壊れるはずもなく、四六時中修理ニーズがあるわけではない。一方、中古車販売店は国産の中古車を売っているので、修理のニーズは高い。ならば、整備工場は、外車の修理をするだけではなく中古車の修理もすれば操業度が上がってよいと思うのであるが、この会社はそういう理屈にはなっていなかった。

当社の中古車販売店は、当社内に立派な修理工場がありながら、外部の修理工場に修理を外注していたのである。中古車販売店が外注している修理代金は月額一〇〇〇万円以上あった。それでは、外車販売店はすべて当社の整備工場に修理を出していなければおかしいが、そんなこともなかった。二つの外車販売店が外注している修理代金は月額二〇〇〇万円以上もあった。管理不在の長い同族経営の下で、営業部門と修理外注業者の馴合い・癒着現象が起きていたのである。

会長は怒り狂い、外注先に対するすべての修理の発注を役員決裁にするとともに、外注先との外注契約書の巻き直しを行った。外注先からの修理代金は押しなべて市場価格よりも高く、なかには、当社が顧客に請求する修理費以上の整備代金を請求する外注先も少なからずあったのである。

私は、営業部門から整備工場に対する修理発注を社内売上とし、これを各人の売上実績としてカウントすることにした。外注費の内製化にインセンティブを付けたのであるが、それでも外注費の内製化が進まない部門には、私が営業部門に出張って修理伝票をかき集め、その場で営業担当者から修理工場に電話発注をさせた。私は修理工場にも行き、サービス担当者から営業部門に社内営業をかけさせた。

こうして、外注費の削減と自動車修理の内製化は少しずつ進みだし、そうこうしているうちに、部品在庫の棚卸差額も減り始めた。私が銀行に出している月次決算では製造原価が毎月数百万円単位で減っていき、最終的には月額二〇〇〇万円の製造原価が減少するまでになった。要は、部品の使い込みと外注の無駄を止めただけのことであるが、それだけで年間二億円近い製造原価が減少し、その金額がそのまま会社の利益となった。

3　明るく元気に

会社は営業会社なので毎朝朝礼をする。朝礼では、

「明るく、元気に、今日も一日頑張ろう」

などと声を張り上げているのであるが、私は従業員が明るく元気だとはとても思えなかった。

赴任後しばらくすると、朝礼後、従業員が私のところに来て、

「先生、私の話を聞いてくれませんか?」

と言い出すことが増えていった。話は、ほとんどの場合が社内の人間関係の相談で、従業員は焦燥しきった表情で脈絡のつかない不安を訴えた。女子従業員の場合は、ほぼ例外なく泣き出した。会社の厳しい営業ノルマが社内の正常な人間関係を狂わせているのである。

会社は朝九時スタートであるが、従業員は始業の三〇分前には会社に来て事業所の清掃をする。終業は午後七時となっているが、営業部門の社員で七時に帰宅できる者は皆無だった。ほとんどの営業社員は午後九時頃まで会社に残っていた。顧客に対する納車などといっては、午後一〇時、一一時帰宅などというのはざらにあった。膨大な残業時間となるはずであるが、残業の申請はおとなしいものである。有給休暇は冠婚葬祭に使われる程度で、その実質消化率は限りなくゼロ%に近かった。

私は相談に来た社員に、

「ちゃんと定時に帰ればいいじゃないですか。そんなに毎日毎日仕事がたまっているわけでもないんでしょう」

と聞くのであるが、社員は、

「上司が帰らないのに、自分だけ帰るわけにはいかないじゃないですか」

とのことであった。そこで上司を呼んで、

「君がいつまでも会社に残っているので、従業員が定時に帰宅できず困っている。なぜ帰らないのか？」

と聞くと、

「車が営業目標の半分も売れないのに、帰れるわけないじゃないですか」

と言う。

こうして営業社員は果てしなき残業地獄に陥っては毎日深夜に帰宅し、気が付けば朝になっていて、大慌てで会社に来るのである。これでは明るく元気にできるはずもないが、朝礼では「明るく元気に」としつこく言われるので無理に笑顔を作る。だからその笑顔はひきつっている。すると、その切羽詰まった笑顔に顧客は引いていく。だから車が売れないのである。

私は、従業員の残業申請書とタイムカードの全件チェックを命じ、タイムカードの時間に合わせてすべての残業申請書を書き換えさせた。また、これを機会に、従業員の勤続年数と職階別の給与テーブルを作成し、全従業員の給与の見直しを行うとともに、従業員評価と年一度の定期昇給を制度化した。従業員の中には、会社側から何らの説明もなくもう何年も給料が上がっていない人が少なからずいたのである。嫌がる会長を説得し、従業員の退職金制度も導入した。この結果、会社の人件費は大幅に増えたが、会社の利益は減ることがなかった。人件費が増えた分だけ売上が伸びたのである。この会社は素晴らしい従業員を持っている。

私は、評価報酬制度の改定作業を進めながら、従業員一人ひとりの業務分析を行った。この人たちはなぜいつも忙しくて残業ばかりしなければならないのか、彼らの業務内容から考えて、私はさっぱり理解できなかった。その結果、各人の業務内容には重複が多く、要りもしない同じような書類をこちらでもあちらでも作っていることが分かった。そこで、既存のＩＴシステムを全面改定し、全社ペーパーレス化することとした。ただし、従業員が常に忙しい本当の理由はこれではない。

この会社は顧客のクレームが多すぎるのである。従業員はクレームを出すと上司からひどく怒られるので、クレーム報告書を書かずに自分で処理しようとする。仮に上司に相談しても、上司は、

「そんなことはお前がしでかしたことだから自分で始末をつけろ」

と突き放すので、いずれにしても自分で処理することには変わりない。

すると顧客は会社がまともに取り上げていないと思い、そのクレームに怒りが籠る。従業員はますます会社に報告できなくなり、クレームから逃げる。そうすると顧客は意地になって従業員を追いかけ、従業員は四六時中その対応に追われることになる。従業員は計画的な業務遂行が常に阻害されてしまうのである。

私は、

・クレームは当社のサービス向上に対する顧客からのメッセージであり、会社の貴重な財産であること、

・それをクレーム報告書に記載せず会社に報告しないのは、会社財産の横領に相当し、許されないこと、

・上司は部下のクレーム対応を助けるのが仕事で、それを部下に押し付けるというのは本末転倒であること、

・クレームは初期対応が何よりも大切で、担当者はクレームになりそうな気配があればその段階で上司に相談すること、

・上司は部下からの報告で難しくなりそうだと思ったら執行役員に相談し、執行役員はその対応に絶対の自信がない限り必ず私に連絡すること、

を徹底させた。同時に、私の携帯電話番号を幹部社員に教えた。

4　クレーム対応

難しいクレームは、次々と私のところに持ち込まれるようになった。これらのクレームは、そのほとんどが従業員の言葉足らずが原因で、本来クレームなどにはなるはずのない他愛もないものが多かった。それが初期対応に失敗して顧客を怒らせ、そこで逃げるものだから、私のところに来たときに

は抜き差しならぬ切羽詰まったものとなっていた。

なかには、クレームに追い打ちをかけて過大な金銭的賠償を要求する顧客もいた。当社の営業社員は、そういった顧客に、

「お前じゃ話にならない。社長を呼べ」

と言われている。当社の社長(会長が兼務)は滅多に会社にいないが、代わりに副社長の私がいる。私は、

「当社はお客様のお車に関する問題を解決するのが仕事ですが、お金でクレームを解決するようなことは致しません」

と対応した。

すると、顧客は、判で押したように、

「それじゃ裁判で訴えるぞ」

と言ってくる。私は、
- その場合、弁護士の着手金が三〇万円ほどいること、
- そんなことをしなくても、県の消費者センターに行けば、顧客の立場に立って対応してもらえること、
- それでも不足があれば、郡山市に無料法律相談所があるので、そこで無料で相談を受けられること、

を説明して差し上げる。こうして裁判になった事例は一つもなかった。

顧客の中には、売上の欲しい営業マンの弱みに付け込んで、さんざん過大な要求をして契約しながらも、納車直前にキャンセルをかける人もいる。こういう顧客がクレームの常習犯なのである。そういう人は、私のところに来るとき、目つきの悪い知人なる人を連れてくることが多い。そしてその知人が、私に、

「副社長さんは詳しくご存じないでしょうがね……。私、この話を聞きましてね……、会社の対応があんまりだと怒ったんですよ。この人は仕方がないと言うんですが、今日は、私がこの人を無理やり連れて来たんです」

などと言うものである。

我々は店舗を構えて一般消費者を相手に商売をしており、顧客を選ぶことができない。しかし、我々は、一般顧客を優良顧客にすることはできる。

名門ホテルや一流デパートでは容姿端麗な女性社員が接客をしているが、何も一流だからといって、顧客の入場制限があるわけではない。なかには、

「ネエチャン、いい尻してるじゃないか」

などと不埒なことを言い出しかねない人も来るのであろうが、そのような場面に遭遇することなどついぞない。彼女たちの制服、姿勢、態度、物腰、言葉遣いが顧客の悪性を防止しているのである。毅然として誇りある態度は、潜在的な顧客の悪性を顕現させることがない。

私は、会長の了解のもと、従業員の制服を変えることにした。制服は、従業員がそれを普段でも着たいと思うほどファッショナブルなものでなければならず、その制服を着ることが誇りに思えるほど凜然としたものであってほしい。

当社社員の顧客に対する姿勢も良くない。顧客からのクレームは最初電話で来ることが多いが、電話に出た社員は、電話相手の

「もしもし！」

の語感にビビり上がり、相手はまだ何も言ってもいないのに、

「すいません」

と謝ってしまうのである。

これは逆効果である。これをやると、相手は自分が馬鹿にされたと感じ、怒りを爆発させずにはおかない。そうすると、自分の吐いた怒りの言葉が自分に向かってさらに怒りを増殖させ、およそ収拾のつかないことになる。クレームの基本は、とにかくお客様の言葉を真摯な姿勢でお聞きすることに尽きる。どちらが悪いかなどは二の次である。

この段階では、お客様が当社の販売した車に何事かの不都合があり、お困りになっているという事実は疑いの余地がない。お客様のお困りの事情をしっかりお聞きして、それを解決して差し上げるのがクレーム対応なのである。こうして心に染み入るようにして話を聞けば、相手の怒りも静まり、顧客は冷静に話し始めるようになる。人間は怒りを長期間爆発させ続けることができない。そして冷静な事実関係に基づき当社に非があることが分かれば、そこで初めて真摯に謝罪すればいい。

5　小さな合意

当社の営業姿勢も感心しない。このようなクレームが頻繁にあるのは、その前段階で、営業が無理な売上を立てているからに他ならない。予算達成のノルマがきつく、そのため未だ購入に踏み切れない顧客に、出来もしない特典を匂わせて強引に契約させているのである。こうして契約した顧客は、営業マンの怒濤のセールストークで契約書に署名・押印したものの、家に帰れば、何か騙されたかのような不快感が残るものである。そんな中で営業マンが匂わせていた特典が結局つかないと分かった時には、これは必ずクレームになる。

彼らは誤解している。自動車という高額消費財が怒濤のセールストークごときで売れるものではない。自動車は一回買えば少なくとも四、五年は使い続ける耐久消費財である。その選択は結婚相手を選ぶようなもので、選択を誤れば向こう四、五年間の自動車生活は暗澹たるものになってしまう。結婚という両性の大きな決断は、一発勝負の怒濤のプロポーズでは合意されない。だから、人は、結婚前にデートなどといって長い時間をかけ、そこで小さな合意を積み重ねることにより、積み重なった小さな合意の集大成として結婚という大きな合意に到る。自動車販売もこれと同じ手順を踏まなければならない。

当社は自動車の販売会社であるが、当社の営業マンは自動車を売っているようではいけない。自分を売るのである。当社の取り扱う自動車はよその販売店でもまったく同じものを売っている。顧客は同じ自動車をなぜ当社から買うのか、その理由を納得したいと思う。もちろん、それは当社のアフターサービスと言うのであろうが、それはよその販売会社でも同じことで、購入後のアフターサービスは購入前の顧客に体験させることができない。購入前の顧客が自らの体験として唯一確認できるのは、営業マンその人しかありえない。

だから営業マンは顧客との出会いを大切にして、時間をかけて顧客と小さな合意を積み重ねていかなければならない。営業マンはどんな顧客とも小さな合意をすることができる。

「今日は朝方すごく冷えましたね」

と言われて、

「冬は寒いのは当たり前」

などと木で鼻を括ったようなことを言う人はいない。どんなひねくれた人でも、そう言われれば、

「そうだね、今年は雪がだいぶ積もるかもしれないね」

くらいのことは言うものである。これは小さな合意に他ならない。なぜなら、営業マンと顧客は今朝寒かったという点について完全に合意しているではないか。

良い人間関係は常に小さな合意から始まり、良い人間関係はやがて強い信頼関係に転化する。大きな合意は小さな合意の積み重ねにより達成される。営業マンは今朝の天気で小さな合意をしたら、次は趣味で合意すればよい。趣味で合意すればお互いの仕事に対する姿勢で合意すればよい。こうして小さな合意の集積作業を一定量行えば、顧客があなた以外から自動車を購入するという選択肢などいつしかなくなってしまう。熟した柿が自然と大地に落ちるように、当社の自動車は無理なく、そして

計画的に、顧客に販売できるであろう。この販売手法の下では顧客のクレームなど起きようがない。

私は、このようなことを、朝礼で、営業会議で、部門会議で、あるいは社内研修を行いその講師として、ことあるごとに社員に話し続けた。

赴任後半年が経ち、二〇一六年三月期の決算期末が近づいてきた。この年は年明けの新春セールが大当たりで、繁忙期二月三月の販売も好調だった。もともと年度末は就職・転勤のシーズンなので自動車はよく売れるのであるが、この年の繁忙期の売上は創業来の記録的なものとなりつつあった。このまま売上の好調が続くと、課税所得が一億五〇〇〇万円近くになり、法人税と消費税の支払額が八〇〇〇万円を超えてしまう。私は節税対策を打って利益を圧縮することにした。

そこで、会長に節税対策の相談をした。実は、会長は、会社がたいして利益が出ていないとして、役員報酬を取らずに無休で働いていたのである。その代わりというわけでもないのであろうが、会長は訳の分からない領収書を交際費として会社に付けていた。私は、税務上損金にならない交際費の請求を止めてもらう代わりに、役員報酬を支払いたいと提案したのである。

会長は、

「それはいいけど、役員報酬と言うのなら、僕は、月五〇〇万円はもらいますよ」

とのことであった。一瞬ビビったが、よく考えてみれば、金額は大きいほどいい。私は、役員報酬を会長の個人口座に送金するよう指示した。

続いて、従業員に決算賞与を支払いたい旨を会長に提案した。決算賞与は、決算期末時点でその支払額が個人別に確定しており翌月中にそれが支払われた場合、税務上損金として落とすことができる。

会長は、三月の売上が予算を達成することを条件として、決算賞与の支払を了承してくれた。

私はこのことを朝礼で話し、

「決算賞与を勝ち取ろう。それは諸君一人ひとりの本日以降の営業努力で必ず達成できる。昨年来八カ月に及ぶ経営改革の成否はこの一戦にある。各人一層奮励努力せよ」

と檄を飛ばした。二〇一六年三月の会社の売上は史上最高額となった。同年四月一日、私は、全従業員に、会社創業来初めての決算賞与を現金で配った。

決算賞与のおこぼれは私にもあった。私は、通常の副社長としての報酬とは別に、この間の会計士報酬として一〇〇〇万円をもらった。この報酬は、東京の細野祐二会計事務所から請求書を出して未払計上し、会社の節税に貢献した。私が過去稼いだ会計士報酬の中で、もらってこんなに嬉しかったものはない。

6　妖しいクラブ

午前六時四分東京発の東北新幹線に乗ると午前七時二四分に郡山に着く。私は毎週水曜日の朝この新幹線に乗り、水曜日午前八時からの会社のマネジメント会議に出席し、水木と郡山市内のビジネスホテルに宿泊し、金曜日夜の新幹線で東京に帰るという生活を続けていた。土日は営業の書入れ時なので、私はいない方がよいし、火曜日は会社の定休日だからである。当初二カ月ほどは月曜日も日帰りで郡山に出張していた。そうすると、週に三〜四日は東京にいることができるので、東京の佃に個人事務所を構えて、他のクライアントの仕事と犯罪会計学研究に基づく論稿執筆はこちらでやっていた。

会長が郡山に来るときは夜会長と会食をしたが、会長が会社に来ることはまれだったので、そういう時は社員を順番に食事に誘っていろんな話をした。私が郡山赴任後短期間で会社の内部事情に精通するようになったのは、社員との会食が大きかったと思う。しかし、社員との会食といっても、私が郡山にいるのは週三日で、その中で社員との会食に充てることができるのは週一回程度のことに過ぎなかった。私は社員クラブを作りたいと思った。

赴任当初、私は、本社業務部の事務所がゴミ屋敷化しているので、その掃除を半月以上かけてやったことがある。そんなことは社員にやらせればいいと思うかもしれないが、社員にはどうしてもこれができない。社員は、今までさんざん整理整頓などと言われ続け、その結果が、天井まで届く書類と床の見えないガラクタの山になっている。古い因習に縛られた社員は書類やガラクタを捨てることができないのである。私は品質管理の基本は整理整頓にあると確信しており、その立場は取締役副社長で、ほぼ無制限の権限を有している。あのゴミ屋敷が、一カ月も経つと見違えるように整理整頓された事務所に生まれ変わった。事務所倉庫の床も見えるようになり、人が歩けるようになった。

私は、業務部の整理整頓で出た古い書類は仮店舗二階の空き部屋に運び入れ、そこを書類倉庫として使うようにした。仮店舗は昔販売店舗として使われていたところで、その時は、半分がタイヤ倉庫として使用されていたが、残りの広大なスペースは空いたままとなっていた。私は、仮店舗の二階を社員クラブにすればいいと思った。

私は家内を亡くした後、東京京橋の明治クッキングスクールに六カ月通って和・洋・中華・菓子の四講座を修めたなかなかの調理人である。社員クラブはお酒を置いて、出す料理は私が作ればいい。こうすれば、社員クラブといってもほとんど金はかからないし、私は全社員と同じ釜の飯を食って意思疎通を図ることができる。その効果は、今まで週一度社員を食事に連れ出していたのに比べ、数十倍の威力があるに違いない。しかも社員クラブはすべて無料なので、これを顧客に対する接待として使うこともできる。いろんな部門の社員が来るので、社内の部門間の人間関係も構築することができる。

会長に相談すると、会長は笑いながら、

「先生がやりたいって言うんだったら、まあ、やってもいいですけど」

とのことであった。

私は、暇を見つけては会社の近くのリンリンハウスとかなんとかいう中古バッタ屋に行き、冷蔵庫・炊飯器・ナベ・釜・食器・ナイフ・フォークの類を買い集めた。バッタ屋は滅茶苦茶負けてくれた。音響設備やクラブに飾る絵画は会社のどこそこから職権でかっぱらってきた。クラブのポスターは会社の広報室がまことに妖しげなものを作ってくれた。こうして二〇一六年五月一二日午後七時、私は「妖しいクラブ」をオープンさせた。

「妖しいクラブ」は大盛況であった。第一回目の「妖しいクラブ」は采女《うねめ》牛のステーキを出した。私は午後四時に仕事を切り上げ、若手社員を使ってスーパーに買い出しに行き、女子社員を使って下ごしらえをしたが、驚いたことに、ほとんどの若い女子社員は包丁が使えなかった。それでも何とか開店に間に合わせ、私はステーキを一〇〇枚近く焼いた。

会長も高級ワインを何本も出してくれ、それを社員にふるまって、大騒ぎをしてはしゃいでいた。ほぼ全社員が来た。取引銀行も開店祝いを持って支店長以下何人もやって来た。妖しいクラブは、私の来訪スケジュールに合わせて、週一回木曜日の午後七時開店で午後一一時閉店とした。次の週はかつ丼、その次は手打ちそばと毎週メニューは旬のものを出すようにした。そのうち、保険会社やメーカーも来るようになり、「妖しいクラブ」は地元で有名になった。たった一人で調理する私は激しく疲労した。

7　振り向けば郵便不正

会長は年の半分ほどを海外で生活する人で、「妖しいクラブ」開店後ほどなく海外に出国し、二カ月ほど帰国しなかった。七月上旬、私は、久しぶりに会社に来た会長に会社の現状報告をした。その際、会長は、

「ところで、先生、あの妖しいクラブというのはもうやめましょう」

と言った。新事業年度に入ってから従業員が決算賞与だ、妖しいクラブだと浮ついて、売上が伸びないというのである。こうして「妖しいクラブ」はわずか二カ月の短い営業を閉めることになった。

この頃、私は、会社近くの定食屋で、中古部の古参営業マンと夕食を食べたことがある。古参営業マンは私に、

「先生がいないと会社で意思決定をする人が誰もいなくて困ります。先生、もう少し多く郡山に来れないのですか?」

と聞いてきた。私は、

「自分はこの会社の立て直しのためだけの目的で来ているので、その目的が達成されれば郡山に来る必要もなく、昨年はかなりの実績を残せたので、今後はむしろ訪問日数を減らしてできるだけ早く辞めたい」

などと答えた。

するとと古参営業マンは、

「先生、そんなことを言わないでください」

と言い、少し黙った後、

「先生、そんなことは言わないでください。会社は本当によくなりました。いまどき郡山でボーナスが出るだけでも珍しいのに、決算賞与が出る会社なんかどこにもありません。社員はみんな先生のおかげだと言っています。僕もそう思います。だから、先生、もうそんなことは二度と言わないでください」

と言った。

同じ頃のような気がするが、銀行の支店長次席が私に、

「当行が無担保無保証で五億円の融資をしたのは、先生が会社にいるからです。先生は銀行の立場が理解できる方です。今後も引き続き当行をよろしくお願いします」

と言ったことがある。

これらの発言を聞いて、私は背筋が凍る思いがした。この手の話はいずれ必ず会長の耳に入る。オーナー経営者がこんなことを聞けば、その心中は穏やかなものとはならないであろう。

「私はこの会社に長くはないな」

と思った。

年が替わって二〇一七年三月期の決算が締まった。売上高は前年とほぼ同程度、経営者報酬控除前の利益は二億円も出た。この年の一二月、会長は私の東京の事務所にやってきた。会長はこんなことを言った。

「先生、郡山の方の副社長はもういいですから、今後は顧問としてやってください。何かお願いすることがあれば、こちらの方から連絡しますから、もう郡山の方にはお出でいただかなくても結構です」

こうして私の郡山での二年半はあっけなく終わった。私は、もう二度と会社の経営に関わるようなことはやるまいと思った。私は生粋の会計人であり、経営者ではない。会計人が慣れない経営などやってろくなことがない。うまく行かなければ会社が困るし、うまく行けばオーナーが困る。

最高裁判決以降の六年間、私は、ジオスの倒産処理を行い、九段日本語学院の再建を行い、自動車販売会社の経営、及び、その他もろもろのクライアントの仕事をやった。この間、二〇一〇年九月に厚労省村木厚子元局長の無罪判決があり、それに引き続き大阪地検特捜部による証拠改竄事件が勃発した。

犯罪会計学の分野では、二〇一一年一一月にオリンパスの粉飾決算が発覚し、二〇一五年七月には東芝の不正会計が社会問題となった。私は、いずれの事案についても研究論稿をメディアに発表し、それらはいずれも大きな社会的反響があった。私は充実した六年間を送ることができたし、この間の実績にも満足している。しかし、その充実感には一抹の違和感が混在している。

想起すれば、二〇一〇年五月に最高裁判決が出て以来、私は常に犯罪会計学を追い求めながら、その時々の私事に左右され、ずいぶん迷走してきたように思う。二〇一四年一二月、九段日本語学院を解任され一旦その道へと歩みかけたが、あれから三年間、思わず長い寄り道をした。私は、今度こそ会計人としての天職に戻らなければならない。私は、長く懸案となっていた郵便不正三事件の分析に着手した。

II

郵便不正事件という転換点

第4章　郵便不正事件

1　心身障害者用低料第三種郵便

日本の郵便は、その種類に応じて第一種から第四種に区分され、その区分ごとに郵便料金が決められている。ここで第一種郵便は封書、第二種郵便がはがき、第三種郵便は承認を受けた定期刊行物、第四種は通信教育や学術刊行物等のための特定郵便物となっている。郵便物を大量に発送する企業のダイレクトメールは、これを定期刊行物として第三種郵便の形態をとれば、その郵便料金を半額にすることができる。

定期刊行物に割安な郵便料金が適用される第三種郵便には、その中でもさらに破格に安い心身障害者用低料第三種郵便がある。第一種郵便の定形外郵便一通一二〇円に対して第三種郵便は一通六〇円(当時)と安いが、これが心身障害者用低料第三種郵便物になると、(毎月三回以上発行する新聞紙を内容とするものに対しては)なんと一通八円と破格の料金体系になる。当然に、この差に注目したビジネスが出てくることになる。

障害者郵便制度悪用事件は二〇〇九年に起きたが、障害者団体向け郵便割引制度を利用したダイレクトメールの格安大量発送は、この当時の広告業界において半ば常識化したビジネス手法となっていた。大手コンサル会社の経営者向けセミナーでは、障害者団体向け郵便割引制度を利用したダイレクトメールの手法が積極的に紹介されていたのである。

この制度は、障害者団体が発行する定期刊行物に適用され、刊行物は面積の半分、封筒は無制限に広告を掲載できたため、広告主となる通販会社などがダイレクトメール代わりに使っていた。障害者郵便制度悪用事件においては、大阪の新生企業という広告代理店が広告主と障害者団体の仲介を行っていたが、それら障害者団体の実態は、名義だけ貸して刊行物の制作を新生企業に丸投げした団体や実体のない似非障害者団体が多かった。

2　誰も経済的損害を受けていない

大阪地検特捜部が公表した郵便不正事件の捜査結果によれば、この事件では、障害者団体六団体の定期刊行物を装って、一一社の広告主のダイレクトメール約三一八〇万通が違法に発送され、正規の料金との差額約三七億五〇〇〇万円を免れたとされている。

一方、郵便事業株式会社（以下、郵便事業会社）の発表によると、二〇〇九年二月の割引制度を利用した郵便物の取扱数は、前年同月比九三％減になったという。二〇〇九年二月というのは、郵便不正事件で、自称障害者団体「白山会」（元「凜の会」）の守田義国会長と広告代理店「新生企業」の宇田敏代社長が逮捕された月である。この時代の障害者用郵便制度は、そのほとんどが、心身障害者の福祉目的ではなく、企業の営利目的で不正に利用されていたのである。

ところで、広告業者等が障害者団体六団体の定期刊行物を偽装したダイレクトメールで正規料金との差額三七億五〇〇〇万円を免れたと聞くと、さも郵便事業会社が三七億五〇〇〇万円の損害を受けたように思ってしまうが、実は、郵便事業会社は、障害者郵便制度悪用事件において何らの経済的損害を受けていない。

前述大阪地検特捜部による公表捜査結果(以下、捜査結果)によれば、広告代理店等のダイレクトメール発送会社は三一八〇万通のダイレクトメールを心身障害者用低料第三種郵便で出したのだから、郵便事業会社は、ダイレクトメール発送会社から正規料金の一通八円で三一八〇万通分の心身障害者用低料第三種郵便料金、すなわち二億五四四〇万円(三一八〇万通×八円)を徴収している。

そうすると、広告代理店が本来支払うべきであった郵便料金は、郵便事業会社が徴収した郵便料金実額二億五四四〇万円と正規料金との差額三七億五〇〇〇万円の合計四〇億四四〇〇万円ということになる。しかし、そもそもこのダイレクトメールが四〇億四四〇〇万円もかかるものならば、広告代理店はそんな高額のダイレクトメールなど発送するはずがない。

広告代理店が約三一八〇万通という膨大なダイレクトメールを出したのは、一通八円の心身障害者用低料第三種郵便が利用できたからで、これが利用できないというのであれば、ダイレクトメールに代わる他の低廉な広告媒体を使っただけのことであろう。大阪地検特捜部の捜査結果にいう料金差額は、郵便事業会社の逸失利益ではなく、現実にはありえない紙の上での計算差額に過ぎない。本件での料金差額約三七億五〇〇〇万円は、事件があろうとなかろうとどうせ発生しなかったのだから、損害額算定という意思決定会計において無関連（無関連原価）なのである。

郵便事業会社は、二〇〇九年一月以前の期間において、新生企業等による障害者郵便制度の悪用により少なくとも実額郵便料金二億五四四〇万円の追加収益（これを限界収益という）を得ていた。この限界収益に対して郵便事業会社の追加原価（これを限界原価という）はほぼ〇円に近い。

なぜなら、郵便局の配送ネットワークはすでに全国津々浦々張り巡らされており、このネットワークに心身障害者用低料第三種郵便による不正郵便物が追加されたところで、郵便局を新たに設立したり、郵便番号読取機を追加設置したりする必要はない。郵便配達員にしたところで、いつも配達に回る家々の郵便物に不正郵便物が一通加わるだけのことで、だからといって郵便配達員の人件費が上昇するわけでもない。すなわち、障害者郵便制度悪用郵便による限界収益はそれに対応する限界原価が〇円であり、限界収益はそれがそのまま限界利益となる。

すでに一般郵便物で固定費の回収を終えている郵便事業会社にとっては、ダイレクトメールにより心身障害者用低料第三種郵便が大量に発送されれば、たとえそれが一通八円と著しく安い単価ではあっても、その限界利益は数億円と莫大なものになる。心身障害者用低料第三種郵便によるダイレクトメールは、（大っぴらに人には言えない）郵便事業会社の本心として、少なからず美味しいものだったに違いない。

本件障害者郵便制度悪用事件の捜査段階において、新生企業の関係者は、

「大量発送するので郵便局も喜んでいた。審査は形だけで、無法地帯だった」

とマスコミに話している。社会を舐めきったかのごときこの発言は、必ずしも被疑者のマスコミ向け強弁とは言い切れない。むしろ、この時代の心身障害者用郵便の実態はかくの如きで、そこでは通販会社と郵政及び自称福祉団体の利害が一致して、半ば公然と障害者郵便が悪用されていたのである。

郵便不正事件は、①ダイレクトメールで低廉な広告を出したいとする広告主企業、②ダイレクトメールの発送者となる障害者団体、③広告主企業と障害者団体を仲介する広告代理店、並びに、④ダイレクトメールを実際に配達する郵便事業会社の四者により構成されている。

ここで、仲介広告代理店は、広告主企業の出したダイレクトメールに対して広告手数料をもらうことになるが、広告代理店の広告手数料は一般に媒体の正規価格の一五%となっている。ここでの広告媒体はダイレクトメールで、(捜査結果に基づくと)その正規の郵便料金は四〇億四四〇万円なので、この事件で仲介広告代理店がもらう仲介手数料は四〇億四四〇万円の一五%、すなわち六億円ということになる。

広告主企業は、広告代理店に対する代理店手数料以外に、印刷費、紙代、原稿料等のダイレクトメール製作費を負担しなければならないが、これらの価格は全体でも数千万円程度のものに過ぎない。広告代理店は製作費を広告主企業から受け取り、そのままの金額で下請制作会社に丸投げをする。一般に、製作費で広告代理店が利鞘を抜くことはない。だから、障害者郵便制度悪用事件では、下請制下請制作会社も潤うことになる。

本件では、仲介広告代理店は六億円の広告手数料を広告出稿会社からもらい、その中から一通当たり二円から四円のバックリベートを自称障害者団体に支払っている。自称障害者団体のもらったバックリベートは、総額約一億円(三一八〇万通×@三円)となる。

広告出稿企業は正規料金で四〇億四四〇万円もかかる郵便料金が二億五四四〇万円で済んだので、その差額三七億五〇〇〇万円を儲けたような気になっており、そこで広告代理店から六億円の代理店手数料や若干の製作費の請求があったところで、このダイレクトメールの総コストは九億円弱(=郵便料金二億五四四〇万円+広告代理店手数料六億円+製作費α千万円)に収まる。いずれにしても破格に安いダイレクトメールが出せたという事実は変わらない。

本件は、一見、郵便事業会社が、心身障害者用低料第三者郵便制度を悪用されて、本来得るべき四〇億四四〇万円の郵便料金を二億五四四〇万円で済まされ、その差額三七億五〇〇〇万円の損失を蒙ったかのごとき外観があるが、これが絵に描いた餅で無関連原価であることはすでに論述した通りである。郵便事業会社は本件において何らの経済的損害を受けておらず、むしろ二億五四四〇万円の利益を得たのである。要するに、本件郵便事件では経済的被害者は誰もいない。だから、郵便事業会社には、本件郵便不正事件においての被害者意識がまるでない。

3　罰金刑での逮捕

郵便不正事件では、二〇〇九年二月二六日の第一次逮捕において、自称障害者団体「白山会」の守田義国会長と大阪の広告代理店「新生企業」の宇田敏代社長が逮捕され、引き続き同年四月一六日の第二次逮捕において、白山会の前身団体であった「凜の会」の倉沢邦夫元会長と、倉沢会長を手伝っていた宍戸正明会員、及び、新生企業の阿部徹元取締役、さらには、白山会名を使ってダイレクトメールを出した大手家電量販店ベスト電器の久保俊晴元販売推進部長、同じく印刷・通販大手で東証二部上場企業のウイルコの若林和芳会長、同じくウイルコの松谷昭執行役員、広告代理店「博報堂エルグ」の板垣信行執行役員、さらに別の障害者団体である「健康フォーラム」の菊田俊雄代表の八名が逮捕された。

そして、二〇〇九年五月八日の第三次逮捕において、障害者団体「健康フォーラム」の不正利用企業であった健康食品会社「元気堂本舗」の窪田勝社長が逮捕され、さらに同年五月一九日の第四次逮捕で、郵便事業会社新大阪支店の山本光男支店長と同じく郵便事業会社新東京支店の鈴木智志総務主任が逮捕された。第一次から第四次にかけての逮捕者は一三名であり、これら逮捕者に対する最終司法処分は次頁表の通りとなった。

そもそも、郵便不正事件は、自称障害者団体の白山会が、大手家電量販店のベスト電器や通販業大手のウイルコのダイレクトメールを心身障害者用低料第三者郵便で大量に発送したことを犯罪とするものである。ここで白山会は、厚生労働省発行の障害者団体としての公的証明書を有していたが、障害者団体としての実体がないので、本当は、心身障害者用低料第三者郵便を利用することができない。また、白山会が心身障害者用低料第三者郵便で送付したダイレクトメールは、有料購読割合八〇％以上という第三者郵便の要件を満たしていない。本件は、白山会の障害者団体としての実体を問題とする以前に、ダイレクトメールの有料購読割合という外形事実により文句なく郵便法違反となる。

心身障害者用低料第三者郵便を悪用したダイレクトメールがビジネスとして成立するためには、心

郵便法違反事件逮捕者一覧

	氏名	年齢	職業	判決
	第1次逮捕(2009年2月26日)			
1	守田義国	69	自称障害者団体「白山会」会長	懲役1年執行猶予3年罰金3210万円
2	宇田敏代	53	広告代理店「新生企業」(大阪市)社長	懲役2年6カ月執行猶予5年
	第2次逮捕(2009年4月16日)			
3	久保俊晴	51	「ベスト電器」元販売促進部長	罰金300万円
4	若林和芳	57	印刷・通販大手「ウイルコ」会長	罰金4980万円
5	松谷昭	64	印刷・通販大手「ウイルコ」執行役員	罰金150万円
6	板垣信行	47	広告代理店「博報堂エルグ」執行役員	罰金600万円
7	倉沢邦夫	73	自称障害者団体「凜の会」元会長	罰金540万円
8	宍戸正明	58	自称障害者団体「凜の会」会員	罰金500万円
9	阿部徹	56	「新生企業」(大阪市)元取締役	懲役1年2カ月執行猶予5年罰金6000万
10	菊田俊雄	61	障害者団体「健康フォーラム」代表	罰金1650万円
	第3次逮捕(2009年5月8日)			
11	窪田勝	65	健康食品通販会社「元気堂本舗」社長	罰金1590万円
	第4次逮捕(2009年5月19日)			
12	山本光男	59	郵便事業会社新大阪支店支店長	略式命令100万円
13	鈴木智志	39	郵便事業会社新東京支店総務主任	略式命令70万円

身障害者団体としての公的証明書を有する障害者団体と、大量のダイレクトメールを発送したいという広告主企業が結びつかなくてはならない。ここで白山会と広告主企業の仲介を行っていたのが広告代理店の新生企業である。新生企業は白山会と提携することにより、白山会にウイルコなど広告出稿企業を紹介し、一〇六〇万通のダイレクトメールを発送した。正規の郵便料金との差額は一二億三〇〇〇万円になるという。

印刷・通販業を営むウイルコは、この不正割引郵便に味をしめ、このビジネスを博報堂エルグに売り込みをかけた。この話に乗った博報堂エルグは、白山会及び新生企業と共謀し、大手家電量販店「ベスト電器」のダイレクトメール一三〇万通を発送し、正規の郵便料金との差額一億四〇〇〇万円を免れた。白山会は、広告主企業のダイレクトメールの発送に対して、一通につき二円から四円程度のバックリベートを新生企業から受け取っていた。

心身障害者用低料第三者郵便を悪用したダイレクトメールの構造は健康フォーラムも同様である。健康フォーラムの場合は、仲介となる広告代理店は介在せず、直接、健康食品通販会社である「元気堂本舗」のダイレクトメール五五〇万通を発送している。正規の郵便料金との差額は六億二五〇〇万円となる。

詐欺罪は、刑法第二四六条第一項で、「人を欺いて財物を交付させた者は、一〇年以下の懲役に処する」と規定される重罪である。しかし、本件郵便不正事件では、①広告出稿企業、②障害者団体、③仲介広告代理店、④郵便事業会社の四者がすべて経済的利益を受けており、ここには誰も経済的損害を受けた人はいない。こんなものを詐欺罪で立件しても社会の納得は得られない。

捜査当局とすれば、やむなく特別法である郵便法違反に問うしかないが、ここで郵便法は第八四条において料金を免れる罪を定めており、その第一項は、「不法に郵便に関する料金を免れ、又は他人にこれを免れさせた者は、これを三〇万円以下の罰金に処する」と規定している。郵便法違反は罰金刑の微罪なのである。

郵便不正事件では、大阪地検特捜部が大規模な強制捜査を行い大量の逮捕者を出したが、その法定刑は三〇万円以下の罰金刑に過ぎない。ここで刑事訴訟法第一九九条は、第一項において被疑者の逮捕要件を次のように定めている。

検察官、検察事務官又は司法警察職員は、被疑者が罪を犯したことを疑うに足りる相当な理由があるときは、裁判官のあらかじめ発する逮捕状により、これを逮捕することができる。ただし、三〇万円（刑法、暴力行為等処罰に関する法律及び経済関係罰則の整備に関する法律の罪以外の罪については、当分の間、二万円）以下の罰金、拘留又は科料に当たる罪については、被疑者が定まった住居を有しない場合又は正当な理由がなく前条の規定による出頭の求めに応じない場合に限る。

刑事訴訟法第一九九条第一項但し書の規定により、刑法上の法定刑が三〇万円以下の微罪の場合には、被疑者が住所不定あるいは出頭拒否を行う場合しか逮捕ができない。ところが、同条同項同但し書括弧内の例外規定により、郵便法のような特別法の場合は、微罪限度が当分の間二万円に引き下げられている。本件郵便不正事件はこれをもって何とか逮捕要件を満たすというきわどいものなのである。

郵便不正事件の逮捕劇に対しては、「こんな微罪は特捜部のやる事件じゃない」との批判が検察幹部から出たという。そこで、大阪地検特捜部は、郵便不正に法人税法違反や有印私文書偽造の罪を抱き合わせ、何とか重大事件の外観を作り出そうとした。なにしろ、ここでの被疑者たちは、障害者福祉制度を食い物にするような人たちなのだから、叩けば埃は出てくるに決まっている。

郵便不正事件では、自称障害者団体白山会の守田義国会長が、三二一〇万円の罰金刑に加えて懲役一年執行猶予三年の有罪判決を受けた。郵便法違反に有印私文書偽造の罪が付加されたからである。仲介広告代理店である新生企業の宇田敏代社長は懲役二年六カ月執行猶予五年の有罪判決を、同じく新生企業の阿部徹元取締役は懲役一年二カ月執行猶予五年罰金六〇〇〇万円の有罪判決を受けた。こちらは郵便法違反に加えて法人税法違反があったからである。ここで新生企業の阿部徹元取締役は本件違法ダイレクトメールビジネスの発案実行者なので、その立場の割には重い刑が科された。大阪地検特捜部は、罰金刑での逮捕という批判に対して、余罪を抱き合わせて、何とか重大事件としての落とし前をつけた。

郵便不正事件は、障害者福祉制度を企業が営利目的で悪用するという動機においてその社会的犯罪性は比類なく高いが、一方で、経済的被害者が存在しないという側面において、法的には、罰金刑を相当とする微罪に過ぎない。すなわち、本件郵便不正は、社会規範と法定規範に大きな乖離が生じているのである。

そこで、大阪地検特捜部は、郵便法違反は逮捕するほどの犯罪ではないことを重々承知していながら、無理を承知で逮捕して叩けば、これら有象無象の被疑者から余罪がぞろぞろと出てきて、合わせ技での重罪に持ち込めると考えたのであろう。もとより余罪期待の見込逮捕などあってはならないが、思惑通り余罪が出てくれれば、見込逮捕の不当性は遡及的に正当化される。

こうして、大阪地検特捜部は、敢えて本件の強制捜査に踏み切って一三名の大量逮捕者を出した。ところで、当時のマスコミ論調では、罰金微罪で大量逮捕することに対する批判など一切なかった。

むしろマスコミは、福祉を食い物にして金を儲けようとする被疑者像に激高し、それ行けとばかり、大阪地検特捜部による逮捕劇を煽っていたのである。大阪地検特捜部の「逮捕さえすれば……」とする見込捜査は、この時点のマスコミ世論の強い支持を得て強行されたことを忘れてはならない。

さて、大阪地検特捜部の取調べは、白山会の守田義国会長と新生企業の宇田敏代社長並びに阿部徹元取締役について、それぞれ有印私文書偽造と法人税法違反をあぶりだして懲役刑のある有罪判決を勝ち取ったが、それ以外の一〇名については勾留取調べで叩きまくっても(この人たちの世界では、これを「一斉叩き」という)余罪が出なかった。ならば法定罰金刑に対して大量の逮捕者を出した大阪地検特捜部の不当逮捕は遡及是認されない。郵便不正事件は、その後発覚した大阪地検特捜部による証拠改竄事件を待つまでもなく、大量一三名の逮捕の段階で、すでに歴史の批判に耐えられる代物ではなかったのである。

4　郵便事業会社職員の犯意

この事件において郵便事業会社は本来被害者の立場にいる。郵便不正事件の不可解は、なんと被害者である郵便事業会社の新大阪支店長と新東京支店の総務主任が逮捕されていることにある。

「料金を免れる罪」を定めた郵便法は、第八四条第一項において郵便利用者に対して三〇万円以下の罰金刑を、また、その第二項において郵便事業従事者に対する一年以下の懲役又は五〇万円以下の罰金を定めている。郵便法違反は、郵便利用者にとっては罰金刑の微罪であっても、郵便事業従事者には懲役刑のある重大犯罪となる。大阪地検特捜部とすれば、本件を詐欺罪で立件できない以上、郵便利用者たる障害者団体、仲介広告代理店、広告主企業に対しては余罪抱き合わせによる重罪とするしかない。しかし、郵便事業会社側に対しては、郵便法違反だけで懲役刑の求刑に持ち込むことができるのである。

郵便事業会社の新大阪支店長と新東京支店の総務主任は、白山会名で出されたダイレクトメールが違法であると認識しながらその発送を承認したとして逮捕された。しかし、両者は、何も白山会による心身障害者用低料第三種郵便の申請そのものを承認したわけではない。白山会はすでに心身障害者用低料第三種郵便の認可を受けており、その適格審査は、郵便局の窓口で行われることにはなっていない。

心身障害者用低料第三種郵便の承認要件は、郵便法第二二条並びに郵便法施行規則及び内国郵便約款第一六六条によって詳細に規定されており、この承認手続では、障害者団体としての公的証明書はもちろんのこと、有料購読割合八〇%以上を確認するための根拠規定や購読料収納状況立証証憑の提出が義務付けられている。

白山会は、その前身の「凜の会」時代に、心身障害者用低料第三種郵便の承認要件を満たしているとして、郵便審査事務センター長の承認を受けている。一旦承認を受けた障害者団体の郵便物が申請承認後も継続して心身障害者用低料第三者郵便の適格条件を満たしているかどうかは、郵便審査事務センターによる年一回の定期調査により確認されることになっている。

この定期調査は、心身障害者用低料第三者郵便の発行人が所定の資料を郵便審査事務センターに提出することにより行われ、その時期も、発行人が心身障害者用低料第三者郵便の承認を受けた月の対応月と決まっている。さらに、発行人が最近三回以上継続して定期調査を受けているなど一定の要件を満たしている場合には、年一回の定期調査を三年に一回に緩和することができる。

このような審査体制の中で、仮に郵便局の窓口が心身障害者用低料第三種郵便の発送に不審を抱いたとすれば、郵便局の窓口はその旨を郵便審査事務センターに通報して、郵便審査事務センターによる特別調査をやってもらうしかない。特別調査により当該発送が心身障害者用低料第三種郵便の適格要件を満たしていないことが判明すれば、そこで発行者は心身障害者用低料第三種郵便の承認取り消しとなり、それ以前の正規料金との差額が徴収されることになる。すなわち、郵便局の窓口は、仮に心身障害者用低料第三種郵便の発送に不審を抱いたとしても、その場では、とりあえず郵便物の発送を行って差し支えない。

新生企業は、心身障害者用低料第三種郵便の差出表と共に、白山会名でのダイレクトメールを郵便局の窓口に持ち込んだ。新東京支店の総務主任と新大阪支店長は、その時の担当窓口あるいは担当窓口の上司に過ぎない。彼ら両人は、新生企業の持ち込んだ大量のダイレクトメールを見て、これが「心身障害者の福祉をはかることを目的として発行するもの」ではないことは一発で分かったことであろう。彼らは不審を抱きながらも白山会のダイレクトメールを発送したが、そのことは現行の郵便物適格審査体制上何の問題もない。彼らに非があるとすれば、ここで不審感をもちながらもその旨を郵便審査事務センターに通報しなかった点にあるが、彼らの前任者あるいは同僚でそんなことをやっている人は誰もいない。両人の郵便審査事務センターへの未通報は、これを犯罪とするにはあまりにも程遠い。

大阪地検特捜部による強制捜査は郵便事業会社の四支店に及び、任意の取調べを受けた職員は約五〇名に上る。これら四支店はいずれも違法なダイレクトメールを受け入れた実績がある。任意の取調べを受けた約五〇名の大半は、大阪地検特捜部の取調べに対して、彼らの取り扱った「ダイレクトメールが制度の要件を備えていないと認識していた」旨の供述を行っている。

大阪地検特捜部は逮捕した二名の職員を略式起訴とし、新大阪支店長には一〇〇万円の略式命令、新東京支店総務主任には七〇万円の略式命令がそれぞれ下されている。ここで略式命令とは、刑事訴訟法第四六一条の定めに従い、略式手続において簡易裁判所が検察官の請求に基づいて行う裁判をいう。

略式命令では、被告人を裁判所に出頭させることなく罰金または科料を科することができるが、略式が確定すればその命令は確定判決と同一の効果を持つ。略式命令は、公開の裁判を経ていないだけのことで、これまた刑事罰であることには変わりはない。

郵便事業会社の職員は、職務権限もないのに白山会のダイレクトメールの発送を拒否することなどできない。彼ら両名は、「白山会名で出されたダイレクトメールが違法であると認識しながらその発送を承認した」とする自白調書に署名している。彼らはその取り扱ったダイレクトメールが違法なものと認識していたであろうが、何もそれを発送することが違法行為に当たると認識していたわけではない。発送承認は犯罪ではないので、ここに犯意などあるわけがない。

彼らがダイレクトメールの発送自体が違法であると認識してその承認を行ったというのであれば、

そもそも彼らがそのような違法行為を行う動機がどこにあるのか？　特捜検察は、「被告人両名が白山会のダイレクトメールに不審感をもちながらも何らの是正措置をとることなく漫然とこれを発送した」という職務怠慢の弱みに付け込んで、これを「違法行為に犯意をもって加担した」という自白調書に仕立て上げ、無理矢理これに署名させた。

郵便事業会社の二人の職員は二〇〇九年五月一九日に逮捕され、同年六月八日に略式起訴となった。彼らは、特捜検察による逮捕後勾留期限一杯の二〇日間、大阪拘置所に勾留されて大阪地検特捜部の取調べを受けたが、新生企業からの裏金等の利益供与は出なかった。

被告人両名は無実であるが、両名は大阪地検特捜部の取調べを受け、検察官に言われるままに事実と異なる自白調書に署名して刑事罰を受けた。事件は、その後厚労省村木元局長の虚偽公文書事件での無罪判決につながるのであるが、ここにも特捜検察による冤罪被害者がいることを忘れてはならない。

5　事件を大きくしたい

大坪弘道検事が大阪地検特捜部長に就任したのは二〇〇八年一〇月のことである。大坪特捜部長就任直後の同年一一月、大阪地検特捜部は著名音楽プロデューサー小室哲哉氏の五億円詐欺事件を摘発した。この人たちの世界ではこれを「初荷」という。

小室哲哉氏は、一九九〇年代中頃にヒット曲を連発し、その全盛期に年収二〇億円といわれるほどの高額所得者となった。しかし、小室ファミリーといわれたブームの終焉後は、小室氏自身の度重なる事業の失敗と常軌を逸した散財により借金が積み重なり、小室氏は身動きが取れなくなった。事件となった二〇〇八年当時、小室氏は借金の返済に追われるような経済状態だったのである。

窮した小室氏は、全自作音楽作品の著作権を関西在住の個人投資家に一〇億円で一括売却し、手付金五億円を受け取った。しかし、実は売却した音楽作品の著作権の一部はレコード会社等にあり、小室氏が権利のすべてを持っているわけではなかった。このことが判明するや、著作権を一括購入したはずの個人投資家は手付金の返還を求めて紛糾し、小室氏は、慰謝料を含む解決金六億円を条件に個人投資家と和解することになった。しかし、小室氏は、二〇〇八年九月末とされた支払期日に六億円の和解金が支払えなかった。

大阪地検特捜部は、小室氏が手付金として受け取った五億円を借金返済に使っていたことから、当初から金員を詐取する目的で虚偽の著作権売却を持ちかけたとして、二〇〇八年一一月四日、小室氏を詐欺容疑で逮捕した。二〇〇九年五月一一日、大阪地裁は懲役三年執行猶予五年の有罪判決を言い渡し、これにて小室氏の刑は確定している。ちなみに、この事件を主任検事として捜査したのは、その後証拠改竄事件で逮捕有罪となる前田恒彦検事である。

就任早々の初荷で華々しい成功をおさめた大坪特捜部は、満を持して、郵便不正事件の強制捜査に乗り出すこととなった。二〇〇八年秋頃、朝日新聞が、「心身障害者用低料第三種郵便制度を悪用して通販業者ら広告主や広告代理店がボロ儲けしている」と報道していたからである。

二〇〇九年二月に発覚した障害者郵便制度悪用事件は、そもそもは、障害者団体向けの郵便割引制度を悪用した郵便法違反の事件である。

この事件では、当初からその背景に政治家の関与が噂されていたが、郵便法違反自体は罰金刑に過ぎない。強制捜査着手に際しては、検察内部においても慎重論があったという。大坪特捜部長も、罰金刑での逮捕に無理があることは十分承知していたであろうが、逮捕さえしてしまえばあとは何とかなると高をくくって見込捜査に突入した。うまくすれば大物政治家あるいは高級官僚の摘発につながるかもしれない。マスコミ世論も、「国民の不公平を解消する捜査」として支持していたのである。

大坪特捜部長は、二〇〇八年一〇月四日付の産経新聞のインタビュー記事で、

「捜査はやるかやられるか、戦いである」

「容疑者に負けてしっぽ巻いて帰ってくるようなやつは許さない」

などと、大阪地検特捜部長就任時の信条を明かしている。

大坪特捜部長は、「割り屋」として有名な前田恒彦検事を主任検事に起用して、郵便不正事件の見込捜査を展開したが、大量逮捕した被疑者からはろくな余罪が出なかった。郵便事業会社の二人については、逮捕までしたものの公訴の提起さえできず、略式命令でお茶を濁すしかなかった。こうして行き詰まりとなった捜査現場で、前田主任検事は、「厚生労働省から自称障害者団体に発行された一枚の公的証明書」に着目した。この公的証明書には厚労省村木課長の公印が押されており、村木課長は厚生労働省のキャリア官僚だったのである。

この頃、大坪特捜部長は、前田主任検事に、

「何とか村木さんまでやりたい」

「これが君に与えられたミッションだ」

などと強烈なプレッシャーをかけている。

事件は、心身障害者用低料第三種郵便を悪用した郵便不正事件から、虚偽公文書事件へと発展することとなった。そして、その終局は、大阪地検特捜部による証拠改竄事件となって、日本の刑事司法を震撼させることになる。

いまさら言っても詮なきことではあるが、大阪地検特捜部は郵便不正事件を手がけるべきではなかった。もとより、年間数千通程度の定期刊行物が細々と出されている障害者郵便の世界において、「白山会」は、最後発として出てくるや、毎回数十万通という桁外れの定期刊行物を発行し、一躍業界トップに躍り出た。白山会が障害者団体の体をなしていないことは誰が見てもすぐ分かる。事件は大阪地検特捜部がやらなくても、いずれ遠からず、警視庁捜査二課により摘発されていたに違いない。

このような罰金刑の経済事件は経済警察に任せるべきで、捜査と起訴の両機能を併せ持つ特捜検察がこれに手を出せば、無理な立件による冤罪を引き起こしかねない。本件が経済警察による摘発に任されていれば、本件での似非障害者団体、仲介広告代理店、広告主企業の三者は摘発されたであろうが、郵便事業会社の職員の逮捕はなかったであろう。捜査二課が郵便事業会社の職員を逮捕しても、検察官は、「証拠もなければ動機もない」としてこれを起訴しない。特捜検察も、人のやった事件については内部統制が機能するのである。

それでも、仮に経済警察が本件の摘発を怠ったとすれば、本件では郵便事業会社自身による定期検査があるので、いずれ時を経ずして本件は郵便事業会社の定期検査により発覚したであろう。障害者団体は心身障害者用低料第三種郵便の認可取り消しとなり、正規料金との差額が追徴される。いずれにしても、郵便職員二名の不当逮捕と冤罪はなかったのであり、虚偽公文書事件もなければ、厚労省村木元局長の逮捕もなかった。ならば、大阪地検特捜部証拠改竄事件もなかったのである。

今にして思えば、大阪地検特捜部は、四郵便局を捜査して大量五〇名の郵便職員を取り調べたとき、事件を白山会等の障害者郵便悪用者の立件に止めて収束させるべきであった。彼らは口々に、

「ダイレクトメールは八割購読の要件に合わないと分かっていた」

「前任者が承認していたので、自分が止めるのはおかしいと思った」

と供述している。もちろん、彼らの誰からも障害者郵便悪用者からの利益供与など出てこなかった。特捜検察は、一旦捜査に着手した以上、途中で思い止まることができない。特捜検察の行動原理は必然的に冤罪を生むことになる。

第5章　虚偽公文書事件

1　国会議員の口利き

大阪地検特捜部は郵便不正事件で所与の成果を挙げることができなかった。そこで、郵便不正事件を虚偽公文書事件に膨らませて、特捜事件としての落とし前をつけることにした。郵便不正事件において新生企業が白山会名義のダイレクトメールを大量発送したのは二〇〇七年から二〇〇八年のことである。これを逮捕・起訴したのは二〇〇九年であるが、虚偽公文書事件は二〇〇四年に起きている。郵便不正事件が一～二年前の事件の立件であるのに対して、虚偽公文書事件は、人間の記憶劣化甚だしい五年前の事件となる。

虚偽公文書作成罪は、刑法第一五六条により、一年以上一〇年以下の懲役刑が科される。一方、現行刑事訴訟法は第二五〇条第二項第四号において、長期一五年未満の懲役又は禁錮に当たる罪については七年、その第五号において、長期一〇年未満の懲役又は禁錮に当たる罪については五年の公訴時効を定めている。ここで公訴時効とは、公訴の提起を適法になし得る期間のことをいう。公訴期間を経過した後の起訴に対しては免訴判決が言い渡される。

虚偽公文書事件は二〇〇四年の事件で、ちょうどこの年には公訴時効延長の刑事訴訟法改正(二〇〇五年一月一日施行)が行われた。しかし、長期一〇年の懲役又は禁固に当たる罪に対しては、改正前であろうが改正後であろうが、公訴時効は七年で変わらない。要するに、虚偽公文書事件は、刑事訴訟法第一五六条第四号と第五号にかかる一〇年の「未満」規定により、ぎりぎり公訴時効にかからず立件できたのである。

このことから、我々は、「虚偽公文書事件の立件が強制捜査段階では計画されていなかった」という大阪地検特捜部の台所事情を知ることができる。大阪地検特捜部は郵便不正事件に着手したものの、巨悪につながる大事件にはできなかった。特捜検察の威信を背に困惑していたところ、厚労省発行の公的証明書が出てきたのである。そこで、これに飛びついて関係者を取り調べたところ、厚労省のキャリア官僚が浮かび上がり、その背景には大物政治家の影があった。本件虚偽公文書事件は大慌てで立件された。当然に、その証拠構造は杜撰なものとなる。

厚労省村木事件は、「凜の会」の倉沢邦夫会長が石井一国会議員に対して公的証明書の口添えを依頼し、これを了承した石井一国会議員が、厚労省の塩田幸雄障害保健福祉部長に電話をして、「凜の会」に対する公的証明書発行に便宜を図るよう依頼したことが発端とされている。

塩田部長はこの依頼を社会・援護局障害保健福祉部の村木厚子企画課長に伝え、村木課長は、「凜の会」が障害者団体としての実体がなく公的証明書の申請書類の提出がないことを認識しながら、同部同課内社会参加推進室の上村《かみむら》勉係長に対して、内容虚偽の公的証明書の発行を指示したとされている。村木課長は本件公的証明書の発行に関する職務権限があり、この公的証明書には村木課長の公印が押印されている。これが厚労省村木課長に対する公訴事実である。

倉沢会長の手帳には、二〇〇四年二月二五日の欄に、午後一時として石井一国会議員と「凜の会」の木村英雄発起人の名前が、また、午後四時として厚労省社会参加推進室の村松義弘社会参加推進室係長(前任係長)の名前が記載されており、いずれの記載にも、それらの記載を消すように赤線が引かれている。倉沢会長は、スケジュールを消化した場合に赤線を引く旨を公判で供述している。

そこで、検察官は、

〝倉沢会長が二〇〇四年二月二五日の午後一時に、「凜の会」の木村発起人とともに石井一国会議員に会って公的証明書の発行に対する口添えを依頼し、それを受けて午後四時に厚労省社会参加推進室を訪問して公的証明書発行手続についての説明を受け、その後、村木課長に対し、石井国会議員の口添えを背景とした公的証明書発行の依頼を働きかけた〟

という筋書きを描いた。倉沢会長の二〇〇四年二月二五日付手帳の記載は、厚労省村木事件の出発点である。

2　アリバイが出た

虚偽公的証明書の発行を依頼した「凜の会」の倉沢会長は、検察官の筋書き通りの自白調書に署名・指印している。倉沢会長による二〇〇九年四月二一日付検察官面前調書(検面調書)には、

〝私は、石井一国会議員や石井一二元国会議員の名前を出したり、私が、その両名の秘書を務めていたことを言ったりして、村木厚子企画課長に働きかけ、正規の申請手続を経ずして、公的証明書を発行してもらった。私は、二月二五日の午後四時ころ、河野克史《ただし》代表発起人から言われ、「凜の会」についての公的証明を取得するため、厚労省の担当課である企画課社会参加推進室社会参加係を訪ね、村松義弘前任係長から、申請手続などについて説明を受けた〟

との記載がある。

また、六月三日付検面調書には、

〝私は、木村発起人とともに石井一国会議員の元を訪れ、石井一国会議員に、公的証明書に関し、厚労省への口利きをお願いした。平成一六年当時使用していた私の手帳の二月二五日の欄の「一三：〇〇石井一、木村氏」の記載がこのときの記載である〟

旨の記載がある。

一方、厚労省側では、村木課長を唯一の例外として、塩田部長、上村係長、村松前任係長、田村室長補佐といった虚偽公的証明書の関与者全員が、検察官の筋書き通りの自白調書に署名している。

上村係長による二〇〇九年五月二六日付の検面調書には、

〝私は、内容虚偽の公的証明書を、私が捏造した〟

旨の記載があり、また、二〇〇九年五月三一日付検面調書には、

〝私は、村木課長の指示で、本件公的証明書を作成し、それを、その後、村木課長が、「凛の会」関係者に手渡した〟

旨の記載がある。

塩田幸雄障害保健福祉部長による二〇〇九年五月二九日付検面調書には、

〝二月下旬、障害保健部長として初めて答弁した前後頃、執務中に石井一国会議員から電話があり、倉沢会長に対し公的証明書を発行してもらいたい旨、倉沢会長が厚労省を訪れた場合の協力を頼まれた。その後、村木課長に、石井一国会議員の話を伝え、対応を指示した〟

との記載がある。

また、同人の五月三〇日付検面調書には、

〝二月下旬頃、村木課長に案内されてきた倉沢会長と部長室で挨拶した。六月上旬頃、村木課長から、「凜の会」に対して、公的証明書を発行することになった旨の報告を受けた。私は、「石井一代議士には僕からお伝えしておくから」などと答えた。私は、確か議員会館の石井一国会議員に電話を入れて、「凜の会」に対して、公的証明書を発行することになったことなどを伝えた〟

旨の記載がある。

村木課長の逮捕は二〇〇九年六月一四日のことで、検察官はこの段階では石井一国会議員の取調べを行っていない。さて、この状態で事件は公判に持ち込まれたのであるが、なんと公判において、石井一国会議員のアリバイ(現場不在証明)が出てきた。

二〇〇四年二月二五日、石井一国会議員は、午前七時五七分頃から午後一時五分頃までの間、千葉県成田市のゴルフ場で、妻、同僚衆議院議員、知人と共にゴルフをして、プレー後に飲食した後、午後二時頃にゴルフクラブから退出している。倉沢会長が、この日の午後一時に石井一国会議員を訪問して公的証明書の発行につき口添えを依頼するのは物理的に不可能なのである。

おそらく、倉沢会長は、「凜の会」に関する何事かの頼みごとをするため、石井一国会議員に二〇〇四年二月二五日午後一時のアポイントメントを取ろうと計画したのであろうが、石井国会議員はその時すでにゴルフの予定が入っていて面会はできなかった。そうすると、「スケジュールを消化した場合に赤線を引く」とする倉沢会長の公判証言が問題となる。

経済事件等の密室型事件では、手帳が数少ない客観証拠となるため、被告人の手帳は検察官によりほぼ例外なく裁判所に証拠提出されることになっている。そして、裁判では、検察官が、「あなたは手帳に予定を書くのですか、それとも日記代わりに実績を書き入れるのですか?」と二者択一の質問をすることになっている。被告人は、こう質問されれば、自分の生活習慣に従って予定か実績かを答えるのであるが、だからといって何も常にそうすると決まったわけではない。

検察官は、倉沢会長の赤線消化に固執し、石井国会議員との面談の日時が急遽別の日に変更されたに違いないとして、倉沢会長と石井一国会議員が共謀したとする主張をあきらめない。倉沢会長も、手帳にはいつもは予定を書き入れて、その予定が計画通り消化された時には赤線を引いて消していたのであろうが、予定が計画通りに消化されずに時間が経過した場合に、これに赤線を引いて消すこともあったであろう。人間の行動は、いつも生活習慣通りに行われるとは限らない。

石井一国会議員は、倉沢会長からの口利き依頼があったこと、及び、それを受けて自分が塩田部長に電話をしたことを公判で否定した。塩田部長は、供述調書で、石井一国会議員から「凜の会」の公的証明書発行に対する便宜供与依頼の電話があったことを認めている。一方、石井一国会議員と倉沢会長のスケジュールは、どう組み合わせてみても、両者が二月下旬に面談する機会がない。

主観証拠(検面調書)と客観証拠(アリバイ)が矛盾するのであるが、客観証拠はすべての主観証拠を駆逐する。当たり前のことではないか? 倉沢会長が二〇〇四年二月二五日の午後一時に石井一国会議員を訪問して「凜の会」の公的証明書発行についての口添えを依頼することは物理的にあり得ない。検察官の描いた事件の筋書きは、その最初の一歩から間違っているのである。

ここで石井一国会議員の事情聴取は、村木課長逮捕三カ月後の二〇〇九年九月一一日になってやっと行われた。石井一国会議員はこの九月一一日の取調べの状況に関して、

〝私は、事情聴取の際、二〇〇四年の一年分の手帳六冊を持参した。検察官は、それらをぺらぺらとみていたが、具体的に二月二五日についての議論はしなかった〟

と証言している。

石井一国会議員に対する九月一一日の取調べは、大阪地検特捜部の捜査不備に対する形式的補充に過ぎない。大阪地検特捜部は、すでに、石井一国会議員の口利きによるストーリーを描いて村木課長を起訴してしまっているので、いまさら石井一国会議員のアリバイなど知りたくもない。分かったところで仕方がない。検察官は、せっかく石井一国会議員が二〇〇四年一年分六冊の手帳を持ち込んでも、これをペラペラ捲《めく》って漫然と時間を消化するしか術がなかったのである。

3　順次共謀の連鎖の輪

二〇〇九年二月二五日午後一時の倉沢・石井面談は、本件虚偽公文書事件にとって決定的な意味を持つ。石井一国会議員による口利き依頼は事件の導入起点なので、ここでの共謀がなければ事件は始まらない。

およそ捜査機関たるものが、倉沢会長の取調べで二月二五日午後一時の石井一国会議員との面会を把握したのであれば、もう一方の石井一国会議員のアリバイは当然に調べなければならない。大阪地検特捜部はこの当たり前の反面調査をやらなかった。やっている暇がなかったからであろう。村木厚子課長の逮捕・起訴は大慌てのドサクサまぎれに行われている。

厚労省村木事件は郵便不正事件の番外編事件である。大阪地検特捜部は、郵便不正事件において一三名の逮捕者を出したものの、特捜事件にふさわしい大物政治家、または著名経済人、あるいは高級官僚の逮捕にはつながらなかった。捜査の行き詰まりとなっていたところ、郵便不正事件で使われた虚偽の公的証明書に厚労省村木課長の公印が押印されていることが目に留まり、そこで倉沢会長を追い込んだところ、倉沢会長は、石井一国会議員の口利きと村木課長の虚偽公文書の作成指示を自白した。大阪地検特捜部は大慌てでこの話に飛び乗って、村木課長を逮捕・立件することになった。

大阪地検特捜部が、この段階で石井一国会議員の二月二五日午後一時のアリバイを調べていれば、倉沢会長の石井一国会議員に対する口利き依頼は立証できなかった。そうすると、石井一国会議員から塩田部長に対する便宜供与依頼、及び、塩田部長から村木課長への虚偽公文書作成指示も、そのストーリーが描けなかった。厚労省村木事件は立件できなかったであろう。

そもそも検察官は、倉沢会長を逮捕する前から、本件公的証明書は厚労省に申請事実も発番号もないことから、倉沢会長が公的証明書を偽造したのではないかとの疑いを持っていた。そこで四月一九日の取調べにおいて倉沢会長に対し公的証明書の偽造を追及したところ、倉沢会長はこれを否定し、四月二一日の取調べでこんなことを言い出した。

〝私は、石井一や石井一二の名前を出したり、私がその両名の秘書を務めていたことを言ったりして、企画課長に働きかけ、正規の申請手続を経ずして、公的証明書を発行してもらった〟

四月二一日付倉沢供述における「企画課長」とは村木課長のことである。大阪地検特捜部は、不発の郵便不正事件から虚偽公文書事件の芽を摑んだ。そこで、虚偽公文書作成の実行犯である上村係長の取調べを行ったところ、上村係長は虚偽公文書作成の事実を認めたものの、村木課長からの指示は頑として認めなかった。

上村係長は、倉沢会長の四月一九日付取調べから一カ月以上経った五月二六日に逮捕されるのであるが、その逮捕初日の取調べにおいても、

「私は、内容虚偽の公的証明書を、私が捏造した」

として、単独犯としての自白をしているのである。

これでは、倉沢会長による郵便不正の動機部分と上村係長による虚偽公文書作成の実行部分は、石井国会議員の所で断絶しており、動機と犯行を結び付けることができない。

そうしたところ、上村係長の単独犯自白から三日後の五月二九日に、塩田部長が、

〝二月下旬、障害保健部長として初めて答弁した前後頃、執務中に石井一国会議員から電話があり、倉沢会長に対し公的証明書を発行してもらいたい旨、倉沢会長が厚労省を訪れた場合の協

力を頼まれた。その後、村木課長に、石井一国会議員の話を伝え、対応を指示した〟

とする決定的な供述をしてくれた。

塩田部長は、翌五月三〇日には、

〝二月下旬頃、村木課長に案内されてきた倉沢会長と部長室で挨拶した。六月上旬頃、村木課長から、「凜の会」に対して、公的証明書を発行することになった旨の報告を受けた。私は、「石井一代議士には僕からお伝えしておくから」などと答えた。私は、確か議員会館の石井一国会議員に電話を入れて、「凜の会」に対して、公的証明書を発行することになったことなどを伝えた〟

として五月二九日付検面調書の補強供述までしている。

この決定的な塩田供述を、翌五月三一日、逮捕勾留中の上村係長にぶつけたところ、上村係長はたまらず、

〝私は、村木課長の指示で、本件公的証明書を作成し、それを、その後、村木課長が、「凜の会」関係者に手渡した〟

として、村木課長の指示を自白した。

厚労省虚偽公文書事件は、この上村供述により、倉沢会長↓石井一国会議員↓塩田部長↓村木厚子課長↓上村係長という順次共謀の連鎖の輪が一本の線としてつながった。これにて村木課長逮捕の条件が揃い、その二週間後の六月一四日、村木課長は逮捕された。

倉沢会長は心身障害者用低料第三種郵便の認可を得るために、虚偽の公的証明書を入手したいという動機がある。上村係長は、虚偽公文書作成という犯罪事実があるがその動機がない。虚偽公文書事件は、郵便不正という動機部分と虚偽公文書作成の実行部分に疑いはないものの、前者の倉沢会長と後者の上村係長の共謀を裏付ける証拠は存在しない。このままでは上村係長は単独犯にしかならず、そこで上村係長が「虚偽公文書の作成は前例に従っただけ」などとして故意を認めなければ、事件は過失による虚偽公文書作成ということになってしまう。虚偽公文書作成罪は故意犯を対象としており、過失犯を刑事罰に問うことはできない。これでは虚偽公文書事件の立件そのものができないのである。

ところが、順次共謀の場合には、上村係長に虚偽公文書作成の動機がなくとも、順次共謀者との間で共謀の動機があれば事件を立件することができる。倉沢会長と上村係長の間に、石井一国会議員↓塩田部長↓村木課長という順次共謀の輪を完成させれば、上村係長は村木課長の指示に、村木課長は塩田部長の指示に、そして、塩田部長は有力政治家の依頼に服従することにより、それぞれが官僚組織内栄達という動機を持つことになる。上村係長や村木課長が虚偽公文書作成に対する動機がなくとも犯罪は成立するのである。検察官は、なんとしても、石井一国会議員と上村係長の間に塩田部長と村木課長を入れて、順次共謀の輪を完成させなければならない。

4　塩田部長の弱み

村木課長逮捕の直接の原因が上村係長による自白調書にあることから、上村係長は後に、無実の村木課長を冤罪に引き摺り込んだ張本人として、社会の強烈なバッシングを浴びることとなった。上村係長に押された烙印は今なお消えることがない。しかし、以上の分析から明らかなように、無実の村木課長を虚偽公文書事件に引き摺り込んだのは、村木課長の部下であった上村係長ではなく、上司であった塩田部長なのである。

そもそも、塩田部長が、五月二九日と三〇日の供述で、何の関係もない村木課長を指差さなければ、検察官も、逮捕勾留中の上村係長の五月三一日の取調べで、

「塩田部長が村木課長の関与を認めているぞ！」

などと、威嚇的誘導ができなかった。それまで単独犯としての供述を維持していた上村係長が、村木課長の指示とする自白調書に署名することなどなかったのである。村木課長の冤罪逮捕において塩田部長の果たした役割はまことに大きいと言わなければならない。

塩田部長は、香川県小豆島町出身で、一九七五年に旧厚生省に入省した。環境庁総務課長や厚労省政策統括官などを歴任し、厚労省退官後、独立行政法人福祉医療機構に天下りしていたところ、郵便不正事件が勃発した。虚偽公文書事件は、塩田部長の在任中に自分の部局で起きた事件なので、塩田部長は当然に大阪地検特捜部による取調べを受けることになる。

塩田部長への取調べの中心は、塩田部長が二〇〇四年二月下旬に石井一国会議員から「凜の会」の公的証明書に関して便宜供与を図るよう電話で依頼を受け、その依頼を村木厚子課長に指示したかどうかの一点にある。

塩田部長は、大阪地検特捜部による取調べ初日の五月二九日に、二〇〇四年二月下旬の石井一国会議員からの電話での口利き依頼、及び、村木課長に対する「凜の会」に対する便宜供与指示の両方を認める自白調書に署名している。石井一国会議員はもちろん二〇〇四年二月下旬の電話での口利き依頼の存在を否定している。塩田部長に対する取調べにおいて大阪地検特捜部による威嚇や誘導が行われた形跡は特段見られない。

塩田部長の検面調書によれば、石井一国会議員は二〇〇四年二月下旬に塩田部長に電話して、「塩田部長、お久しぶりですねぇ。部長としての初答弁だそうでたいへんやねぇ」と切り出し、この電話の中で、「凜の会」に対する公的証明書発行の便宜供与を依頼したとされている。塩田部長は、二〇〇四年二月二五日の衆議院予算委員会で障害保健福祉部長として答弁する予定になっていた。

人間が五年も前のよくある電話の切り出しを覚えていることなどありえないので、石井一国会議員による電話の切り出しは取調べ検事の作文に違いないが、塩田部長のような知的エリートが自らの記憶にない検事の作文を易々と認めてしまうのには訳がある。塩田部長は取調べ検事の引っかけにまんまと引っかかったのである。

塩田部長も、取調べ当初は、石井一国会議員からの請託電話につき、

「記憶にない」

と正直に答えていたのであるが、取調べ検事から、

「何をとぼけたことを言っているんだ。あんたが石井一国会議員と電話で交信した記録があるんだぞ」

と聞かされ、

「それなら電話があったに違いない」

と考え、検事の作った調書に署名した。ところが、公判では、この時の電話の交信記録など存在しないことが判明した。

一旦、石井一国会議員からの電話を認めた塩田部長は、あとは検察官の欲しがるストーリーを、検察官の誘導に従って、積極的に供述するしかない。なぜなら、塩田部長は、当時の厚労省で政治案件の窓口になっており、(検察官には触れてもらいたくない)職務に絡む金品授受の弱みがあったからである。

検察官は、塩田部長が自民党の木村義雄議員から金をもらっていたこと、及び、業者から商品券を受け取っていたことを知っている。ところで、木村義雄元議員は香川県出身で、厚生政務次官、衆議院厚生委員会常任委員長、厚生労働副大臣を歴任している。塩田部長の金品受領は検面調書に取られている。この人は叩けば埃の出る人なのである。

検察官が塩田部長の不透明な金品授受を知っているという事実は、それだけで塩田部長にとって十分な脅威となる。塩田部長は、村木公判において、

「取調べの初日である五月二九日に、自分も逮捕されるかもしれないという危険性を感じた」と証言している。

ここで塩田部長が取るべき道は二つある。「交信記録はあるかもしれないが、私は、石井先生からの電話をまったく覚えていない」として自らの真実を供述するか、あるいは、検察官の誘導に従い、「二〇〇四年二月下旬の石井一国会議員からの電話での口利き依頼」と「村木課長に対する公的証明書発行の便宜供与指示」を認めるかの二者択一である。

前者の場合、「それならば」ということで、塩田部長はこの日別件の収賄罪で逮捕された可能性がある。少なくとも塩田部長はその危険性を感じた。これに対して後者を採れば、塩田部長の逮捕は回避される。少なくとも検察官はそれを強く匂わせたはずである。この場合無実の村木課長を冤罪逮捕に陥れる可能性があるが、このときの塩田部長は逮捕されるかどうかの瀬戸際で、とてもではないが村木課長のことなど考えている余裕がない。

こうして塩田部長の自白調書は、何らの強要や誘導もなく易々と出来上がり、村木課長を冤罪に陥れることになった。塩田部長は、本件において逮捕されず、何らの罪に問われることもなかった。事件後は出身地の香川県小豆島に戻り、無投票で町長に就任している。

5　河野代表発起人の登場

ここに「凛の会」の河野克史代表発起人が登場する。河野代表発起人は、石井一国会議員の口利きがあれば「凜の会」の公的証明書発行がスムーズに進むものと考え、倉沢会長に対して厚労省に働きかけをするよう依頼したが、倉沢会長は石井一国会議員とのスケジュールが合わず、実際には石井一国会議員の口利きは行われなかった。しかし、倉沢会長は、敢えて河野代表発起人にこのことを言わなかった。

倉沢会長は石井一国会議員との関係が強いことを評価されて「凜の会」の会長になったので、実はその関係がたいしたものではないなどとは知られたくない。ここで黙っていれば、倉沢会長は、石井一国会議員の元秘書として、依然として「凜の会」で大きな顔をすることができるのである。

さて、こうして石井一国会議員の口利きのないまま二〇〇四年二月二五日に厚労省を訪問した倉沢会長は、公的証明書発行窓口の村松前任係長から公的証明書発行の手続を教えてもらい、その際に、障害者団体定期刊行物協会（障定協）を介した公的証明書の申請を指導された。ここで障定協とは、加盟団体を個別にみた場合は、低料第三種郵便の要件のうち、発行回数や部数の要件を満たさない場合であっても、まとめて障定協を発行所とするなどして、低料第三種郵便制度を利用できるとの合意を一九七一年当時の郵政省との間で獲得した特定非営利活動法人のことである。

河野代表発起人は、すでに二月二〇日に、日本橋郵便局に対して第三種郵便の申請を出してあるので、あとは厚労省の公的証明書さえあれば低料第三種郵便が利用できる。倉沢会長の報告によれば、そのためには障定協に加盟して、障定協から厚労省に対する公的申請書交付願をもらわなければならないというのである。

そこで、河野代表発起人は、二月下旬に障定協の佐藤事務長を訪問して「凜の会」の障定協への加盟を相談したが、佐藤事務長は「凜の会」に不信感を持ち、低料第三種郵便制度を利用できる団体は障害者が主たる構成員である必要があることや、営利目的や売名目的で同制度を利用することはできないことを告げた。

慌てた河野代表発起人は、大急ぎで障害者を「凜の会」の主たる構成員に仕立て上げ、改定後の会員名簿を障定協に提出した。ところが、障定協は続けて、定期刊行物「凜」が営利目的や売名目的のものであると認められたときは、障定協からの発行を拒絶されても異議はない旨を記載した念書の提出を要求した。河野代表発起人は、三月二九日頃、この念書を障定協に提出した。

障定協の佐藤事務長は、それでも「凜の会」に対する疑念を払拭することができず、三月末に、その不信感を厚労省の村松前任係長に電話で伝えた。しかし、このとき厚労省内の人事異動があったため、佐藤事務長の不信は村松前任係長から上村係長に引き継がれることはなかった。

河野代表発起人は、障定協より指摘された主要構成員と念書の問題を解決したので、四月八日に障定協に対して加盟申請を行い、障定協はこれを受けて、四月一四日付で「凜の会」の加盟を承認し、厚労省に対する公的証明書交付願を出した。

喜んだ河野代表発起人は、早速四月一九日付で、日本橋郵便局に対して、障定協の認定を得たので、厚労省に証明書の交付願を申請する旨の文書を送付した。そして、「凜の会」は、四月二〇日前後に、証明書交付願と障定協の送付書を上村係長に提出した。

このように、河野代表発起人は、厚労省の指導通りに障定協に行き、障定協の指導通りに会員構成を変更するとともに念書を出して障定協に加盟し、その上で、障定協の公的証明書交付願を上村係長に提出した。しかし、厚労省からの公的証明書はなかなか発行されなかった。この時、「凜の会」は、すでに専門学校との間で「凜」を使った一三七万九六一一円の広告契約の話が進行していた。貴重な契約第一号をものにするために、河野代表発起人は、なんとしても五月中には公的証明書を入手しておかなくてはならない。

そこで河野代表発起人は、上村係長に公的証明書発行の催促を行ったところ、上村係長は、五月中旬頃、「公的証明書の発行を近日中に滞りなく進めることになっている」との上村係長名義の書面と、「凜の会」に係る証明書の発行についての決済手続が途中まで進んでいるように装った内容虚偽の二〇〇四年四月二六日付起案の稟議書を作成した上、これらを「凜の会」にファクシミリ送信した。

河野代表発起人は、日本橋郵便局の担当者に対して、厚労省から近々公的証明書が発行される予定である旨伝えていたものの、日本郵政公社東京支店は、いつまでたっても公的証明書の提出がなかったことから、「凜の会」の定期刊行物「凜」について、心身障害者用低料第三種郵便物の適用を受けられる承認請求として扱わないまま、同支社長森隆政名義で、第三種郵便物として承認する旨の平成一六年五月三一日付承認書を発行した。同年六月四日、木村発起人が、日本橋郵便局を介して、同承認書の交付を受けた。

6　倉沢会長の嘘

この切羽詰まった公的証明書の状況について、河野代表発起人の検面調書には次の記載がある。河野代表発起人は、厚労省村木公判においても、この検面調書の内容が正しい旨証言している。

〝私は、五月中旬頃に、上村係長から決裁書類の一部等をファックスしてもらい、それを日本橋郵便局担当者に見せ、公的証明書が近日中には発行されるようだと伝えていた。しかし、その後も上村係長からは何ら連絡がない状態だったので、日本橋郵便局の担当者に、「凜の会」の実体がないことを見抜かれてしまうのではないかと不安だった〟

〝そこで、私は、五月中旬頃、倉沢会長に電話し、「なかなか厚労省から公的証明書がもらえない。このままでは郵政公社に怪しく思われるかもしれない。企画課長に頼んで、早く公的証明書を発行してもらうようお願いして欲しい。できれば、企画課長にお願いして、近々厚労省から公的証明書が発行されることを郵政公社に伝えて欲しい」などと言った〟

〝倉沢会長は、「それなら、企画課長にでもお願いしてみる」などと言って引き受けてくれた。その数日後頃の五月中旬頃、私は、倉沢会長から電話で、「一応、企画課長から、郵政公社の方に、一本電話を入れてもらった」などと言われた〟

〝私は、六月四日に第三種郵便物の承認書の交付を受けてから、黒木発起人に頼んで、その数日後、日本橋郵便局で、低料第三種郵便物を使えるという証明書の交付を請求してもらったが、確かその翌日頃に、私は、黒木発起人から、「日本橋郵便局の担当者から、もし低料第三種郵便を使えるという証明書の交付を受けたいのであれば、厚労省発行の公的証明書の原本を提出して欲しいと言われた」などと伝えられた〟

〝そこで、私は、公的証明書の発行を上村係長に催促するとともに、上村係長だけに催促したのではまた先延ばしにされる可能性があったことから上司である村木課長にもお願いした方がよいと考え、私は、六月上旬頃、倉沢会長に電話して、「もう一度厚労省に行って、企画課長に、早く証明書を発行してもらえるようにお願いしてもらえないか。三種の承認書が五月三一日付で出ているのだから、それよりも早い日付で出してもらいたいから、そのように伝えておいてもらうと助かる。もう広告主もついているし、早く低料三種の承認をもらわないといけないからよろしく頼む。上村係長にはこちらからお願いしておくから」などと言った〟

〝すると、倉沢会長は、「もう一度、厚労省に行って、早くして欲しいと、企画課長にお願いしてみる」などと言い、引き受けてくれた。その後、私は、上村係長に電話し、作成日付を五月中にして、至急証明書を発行するようお願いした〟

検察官は、この河野代表発起人の検面調書及び同様の倉沢会長の検面調書に基づき、二〇〇四年五月中旬頃に、村木課長が、倉沢会長の要請を受けて、日本郵政公社東京支店の森支社長に電話をかけて、近々「凜の会」に公的証明書を出す予定になっている旨伝え、また六月上旬に、同じく倉沢会長の要請を受けて、上村係長に日付を遡らせた公的証明書を早急に出すよう指示したとするストーリーを描いた。

村木課長は五月中旬に倉沢会長に会った記憶はないし、そもそも日本郵政公社の森支社長を知らず、嘘の団体であると知って部下に公的証明書の作成を指示することなどないとして、このストーリーを全面否定する。そこで、倉沢会長の公判での証言が注目されたが、倉沢会長は、なんと次の逆転証言を行った。

〝五月一一日、河野代表発起人から、「厚労省は認可を認めるような方向になりつつあるので、厚労省から、郵政公社に、そういう厚労省の意向を伝えてもらえないであろうか」と依頼を受けた。私は、厚かましいお願いであるし、上村係長に一度も会っていないので、上村係長から河野代表発起人の意向や事情が好転した状況等を聞いたうえでないと動けないと考えて、依頼を受けた二、三日後から一週間後くらいして、アポイントメントを取らずに上村係長を訪ねた〟

〝上村係長は外出していたので会えなかったが、村木課長にも挨拶をしておこうと思い、課長席に行ったところ、村木課長は電話中であったので、三分程度待ったが、長い電話になりそうだったので、付近にいた人に出直しますということを言って、退出した。その後、出直して厚労省を訪ねてはいない。私は、河野代表発起人に、行ってお願いをしてきたという嘘の報告をした〟

〝五月二〇日頃という記憶だが六月になってからかもしれない時期に、河野代表発起人から、希望する日付で証明書を発行するようお願いできないだろうかという連絡があった。私は、分かりましたと答えたが、厚かましいお願いだと思い、実際には動かなかった。希望する日付とは、おぼろげだが、実際の発行日よりも前の日付ということだったと思う。その依頼以外にも、早く証明書を発行するよう催促して欲しいという要請も何度かあったが、催促したことはなかった〟

ここで、事件における争点は、村木課長が、①五月中旬に日本郵政公社の東京支社長に電話をして、近々「凜の会」に公的証明書を出す予定になっている旨伝えたかどうか、そして、②六月上旬に、上村係長に対して虚偽の公的証明書の作成を指示したかどうかの二点である。

日本郵政公社の森支社長は、このような電話が厚労省の村木課長からあったという記憶がない旨証言している。そもそも考えてみれば、仮に「凜の会」に近々公的証明書を出す予定になっているということを日本郵政公社に電話で伝える必要があったのであれば、村木課長はその公的証明書の発行権限者なのだから、そんなヤヤコシイことなどせずに、その場で公的証明書を発行すれば済むだけのことであろう。村木課長が日本郵政公社に「凜の会」の公的証明書発行について電話したと考える方がおかしい。

そうすると、①村木課長に郵政公社に電話するよう依頼したと倉沢会長から報告を受け、また、②日付を遡らせて公的証明書を発行するよう村木課長に依頼することを倉沢会長が引き受けたとする河野代表発起人の供述が問題となる。

倉沢会長は、①について、

「私は、河野代表発起人に、行ってお願いをしてきたという嘘の報告をした」

②について、

「希望する日付とは、おぼろげだが、実際の発行日よりも前の日付ということだったと思う。その依頼以外にも、早く証明書を発行するよう催促して欲しいという要請も何度かあったが、催促したことはなかった」

と証言している。倉沢会長は、河野代表発起人に嘘の報告をし、河野代表発起人はそれを信じている。ならば、河野代表発起人はここで嘘を供述したわけではない。

村木課長が、倉沢会長の依頼を受けて、二〇〇四年五月中旬に、日本郵政公社に「凜の会」の公的証明書発行について電話し、六月上旬に、上村係長に対して虚偽の公的証明書の作成を指示したというのは、検察官の絵空事の作文に過ぎない。こうして、検察官立証は、厚労省村木公判においてことごとく崩壊していった。

第6章　無罪判決

1　公的証明書の作成日付

検察官の主張によれば、村木課長は、二〇〇四年六月上旬頃、上村係長に対し「凜の会」宛の虚偽公文書を作成するよう指示し、上村係長は、この指示を受けて、厚労省社会・援護局障害保健福祉部企画課長名義の「凜の会」宛虚偽公文書を五月二八日に日付を遡らせて作成し、これを村木課長に手渡したとされている。

ここで、日本郵政公社東京支店は、いつまでも「凜の会」から公的証明書の提出がなかったことから、心身障害者用低料第三種郵便物の適用を受けられる承認請求として扱わないまま、第三種郵便物として承認する旨の平成一六年五月三一日付承認書を発行した。この承認書は、同年六月四日、「凜の会」の木村発起人が日本橋郵便局で受け取った。そこで、河野代表発起人は、すでに村木課長から郵政公社に電話連絡をしてもらったと思い込んでいることから、公的証明書の原本を提出していなくても心身障害者用低料第三種郵便物として取り扱われるものと考え、黒木発起人を通して、二〇〇四年六月八日、日本橋郵便局にその差出承認請求をした。ところが日本橋郵便局の担当者からは差出承認請求にも公的証明書の添付が必要と言われてしまった。

検察官の主張は、

「ここで慌てた河野代表発起人は、上村係長に至急五月三一日付承認書と辻褄の合うよう日付を遡らせた公的証明書を発行するよう要請するとともに、倉沢会長に対して、厚労省に直接赴いて、五月三一日以前の作成日付の公的証明書を発行してもらってくるよう指示し、倉沢会長はこれを実行した」

というストーリーになっている。

検察側主張では、黒木発起人が六月八日に日本橋郵便局に行って公的証明書が添付されていないと指摘されているのだから、「凜の会」に対する公的証明書は六月八日時点では発行されていなかったことになる。

六月八日に公的証明書がないとして一旦追い返された黒木発起人は、その二日後の六月一〇日、日本橋郵便局に再度行って、今度は「凜の会」の低料郵便物適用対象障害者団体の証明書発行願を提出している。この発行願には本件公的証明書が添付されていた。したがって、六月一〇日時点では、「凜の会」に対する公的証明書が発行されていたことは間違いない。

公的証明書がいつまでたっても発行されないことに窮した河野代表発起人は、倉沢会長に頼んで、村木課長から郵政公社に電話をしてもらい、また、上村係長に日付を遡らせた公的証明書を発行するよう村木課長から指示を出すよう倉沢会長に頼んで、倉沢会長もこれを引き受けたというのであるから、検察官の主張を前提とすれば、村木課長は、六月八日から六月一〇日までの間のいずれかの日に、上村係長に対して、「五月二八日に日付を遡らせた公的証明書の作成」を指示し、上村係長は、この指示を受けて、即座に公的証明書を作成したということになる。検察側主張が成り立つためには、村木課長の上村係長に対する虚偽公文書の作成指示、及び、上村係長による虚偽公文書の遡及作成は、六月八日から同月一〇日までの三日間に行われていなければならない。

ところが、上村係長方から発見されたフロッピーディスクには、この公的証明書とまったく同一内容の文書データが保存されており、そのデータの作成日時は、二〇〇四年六月一日一時一四分三二秒で、データ更新日時は同日一時二〇分〇六秒となっていた。ならば、上村係長は、二〇〇四年六月一日の午前一時に五月二八日付の公的証明書を作成したことになる。そうすると、村木課長が上村係長に虚偽公文書の作成を指示するのは二〇〇四年六月一日の午前一時以前でなければならない。すなわち、検察官の主張する「六月八日から同月一〇日までのいずれかの日における村木課長の上村係長に対する虚偽公文書遡及作成指示」はあり得ない。この一点だけをもってしても、村木課長の無実は明らかである。

ところで、六月一日の午前一時というのは五月三一日の深夜ということでもあり、二〇〇四年五月二八日は金曜日である。そして五月二九日が土曜日で三〇日が日曜日と役所の休日が続く。五月三一日は土日明けの月曜日なのだから、上村係長はこの虚偽公文書作成について日付を遡ったという意識などないであろう。検察官による「虚偽公文書の遡及作成指示」というシナリオは意味がない。

事実は、

〈上村係長は、二〇〇四年六月一日未明に単独で公的証明書を作成し、その後遅滞なくこれを「凜の会」に交付した。「凜の会」はこの段階で公的証明書を所有していたものの、河野代表発起人は、すでに村木課長から郵政公社に電話をしてもらっていると思い込んでいたことから、公的証明書の原本を提出していなくても心身障害者用低料第三種郵便物として取り扱われるものと考えていた。この理解の下で、黒木発起人が、二〇〇四年六月八日、日本橋郵便局にその差出承認請求をしたところ、日本橋郵便局の担当者からは差出承認請求にも公的証明書の添付が必要と言われてしまった。そこで河野代表発起人は、翌々日の六月一〇日に、すでに手元にあった公的証明書を黒木発起人に持たせて日本橋郵便局に提出したところ、低料郵便物適用対象障害団体の証明書は問題なく発行された〉という単純な話に過ぎない。それだけのことであろう。

このフロッピーディスクは、二〇〇九年五月二六日に上村係長を逮捕した際、上村係長方から押収されたものである。押収物のブツ読みをしていた大阪地検の國井弘樹検事は、フロッピーディスクのデータ更新日時が二〇〇四年六月一日一時二〇分〇六秒となっていたことから、「村木課長の上村係長に対する虚偽公文書の作成指示が二〇〇四年六月八日から一〇日までの間にあった」とする検察側ストーリーと食い違うことを発見した。

國井検事はこの発見を本件主任の前田恒彦検事に報告したが、前田主任検事はこれを自らの胸の内にしまい込むこととした。大阪地検特捜部は、この矛盾を解消しないまま、二〇〇九年七月四日、村木課長と上村係長を起訴した。本件起訴後の同年七月一三日、前田主任検事は、自分が握りつぶしたまま気になっていたフロッピーディスクの最終更新日時を、二〇〇四年六月一日一時二〇分〇六秒から二〇〇四年六月八日二一時一〇分五六秒へと改竄した。

前田主任検事によるデータの改竄は、二〇一〇年九月二一日付朝日新聞朝刊の報道で発覚した。本件村木課長に対する無罪判決は二〇一〇年九月一〇日のことなので、前田主任検事による証拠改竄は厚労省村木事件の判決には影響していない。

2　関係者の逆転証言

厚労省村木裁判における第二〇回公判(二〇一〇年五月二六日)において、横田信之裁判長は、検察官証拠提出の全四三通の検面調書のうち、上村係長の一五通、倉沢会長の六通を含む三四通の検面調書について、「調書は検事の誘導で作られた」、「関係者の供述を合わせる検察の姿勢がうかがえる」として、証拠採用を却下した。

ここで、上村係長は二〇〇九年五月二六日に逮捕され、村木課長が逮捕された六月一四日に再逮捕、保釈されたのが七月四日なので、四〇日間の勾留取調べを受けている。上村係長は、その後自らの裁判において懲役一年執行猶予三年の有罪判決(二〇一二年一月二三日)を受けることになるが、村木公判の時は、単独犯として自らの罪を認めた上で証言台に立っている。上村係長は、二〇〇四年六月一日未明の虚偽公文書の作成について、次の通り公判証言している。

〝他の厚労省関係者に「凜の会」の案件について相談をしたことはないし、誰かから聞かれたことはなく、自分と村松前任係長以外誰も知らないと思っていた。村松前任係長にこの件以外で連絡を取ったことはあったが、「凜の会」の案件について聞いたか覚えていない〟

〝当時、初めて担当した予算の仕事で頭がいっぱいになり、「凜の会」の案件処理は、雑事として、先延ばしにしてしまった。一刻も早くこの雑事を片付けて、予算関係の仕事に入りたかったので、証明書は、稟議とか関係なく、自分が勝手に出してしまえば、話は済むだろうと考えた。相手の追及をかわすための方便として、先送りするために稟議書等を作成しファックスした。「凜の会」から、早期に公的証明書を発行するよう要請があったと思う。

稟議書等を作る際、私は、「凜の会」に、書類の提出を求めたことはない。求めなかったことに特に理由はない。その時点では、公的証明書を独断で発行するという決断まではしておらず迷っていたが、正式な決裁を取ろうという気持ちはほぼなくなっていたかもしれない。稟議書よりは、企画課長の公印が押された公的証明書を勝手に作成することにはためらいが強かった〟

〝稟議書等を送信してから、おそらく五月中旬頃に、「凜の会」から、公的証明書がどうなっているのか督促があったと思う。公的証明書を作成する最終的な決断をしたのは、作成を実行に移した六月一日頃であった。その前に、「凜の会」から督促があったかもしれない。私は、決裁を経ることもなく、誰にも相談することなく、公的証明書を作成した。

公的証明書のデータを作成する作業は、六月一日午前零時から一時頃に、社会参加推進室の自席で作成した。六月一日に最終的な決断をしたというのは、フロッピーのデータが前提であり、記憶としては決断時期は定かではない。

データを見ると日付を遡らせているようだが、遡らせて作成した記憶も、「凜の会」から日付を遡らせるように言われた記憶もない。日付や発番号はその場で決めたと思う。六月一日の朝八時くらいに出勤し、すぐに公的証明書のデータを印刷し、企画課本課の公印を押して、本件公的証明書を作成した。

翌朝に実際に作成したのは、データを作成した午前一時頃は、シールボックスがある企画課本課に、国会対応とかで二時とか三時まで残っている人がいたからではないかと思う。作成した公的証明書は、クリアファイルに入れて、社会参加推進室の自分の机の引き出しに入れた〟

〝作成した公的証明書は、手元に置いておくのが不安だったので、作成したその日のうちに連絡して、河野代表発起人と待ち合わせ、河野代表発起人に渡した。場所は、厚労省の隣にある弁護士会館の喫茶店である。後ろめたいことをしているので、厚労省の職員もいないということを考え、その喫茶店が良いと判断した。別の場所で待ち合わせて喫茶店に行ったと思う。厚労省の地下一階の銀行のATMのところで待ち合わせたかどうかは定かではないが、そうかもしれない。

私が、公的証明書を渡すと、河野代表発起人は自分の名刺と倉沢会長の名刺を出してきた。倉沢会長の名刺には、手書きで「衆議院議員石井一事務所」と書かれていた。「あっそうだったんだ」という程度の気持ちだった。石井一国会議員の名前を見ても、自分の上司に話が通っている、石井一国会議員から連絡が入るかもしれないなどとは考えなかった。証明書を渡した際、河野代表発起人から、障害者が参加するイベントのパンフレットを見せられたと思う〟

大阪地検特捜部は、捜査段階で村木課長の関与を認めた塩田部長と上村係長の検面調書を立証の柱とし、本件村木公判に自信を持っていた。当時の最高検首脳は、朝日新聞の取材に対し、「供述がきれいに揃った筋のいい事件」などと眠たいことを言っていたのである。

厚労省村木事件において、関係者の公判証言が始まったのは二〇一〇年二月からである。その第一番目に登場した塩田部長は、取調べ段階の検面調書を「真実ではない」と否定し、本件における村木課長の関与を否定した。塩田証言以降、堰を切ったように、厚労省関係者が相次いで捜査段階の検面調書を覆す逆転証言を行った。

3　村木課長の無罪判決

この結果、二〇一〇年九月一〇日、大阪地方裁判所は村木課長に対し無罪判決を言い渡した。この無罪判決を受けて記者会見した石井一国会議員は、

「無罪になったのは当然」

「議員案件として私がかかわった事実がないと証明され、非常に気分がすっきりした」

と感想を述べながら、

「いったいこの事件は何だったのかと言いたい。検察の存在が必要かどうか社会に問題提起した事件だ」

「事実と違うことを認めるよう強要する捜査手法はおかしい。犯罪を製造しているようなものだ」

「マスコミは検察捜査の検証をするだけでなく、自らの報道の検証もするべきだ」などと、特捜検察の捜査手法及びマスコミの報道姿勢に対する問題提起をしている。

この裁判では、多くの関係者が次々と村木課長の関与を否定する逆転証言を行い、大きな社会的注目を浴びた。しかし、検面調書を否定する公判での逆転証言が無罪判決の決め手となったわけではない。本件全一五八頁の判決文を読む限り、二〇〇四年二月二五日の石井一国会議員のゴルフのアリバイ、及び、二〇〇四年六月一日というフロッピーディスク・データの更新日時こそが無罪判決の決定打となっている。

判決は、二〇〇四年二月二五日の石井一国会議員のゴルフのアリバイがある以上、アリバイがないことを前提とする倉沢会長や塩田部長ら関係者の検面調書はその限りにおいて信用できないとし、アリバイがあることを前提とする村木課長や上村係長の公判証言が信用できるとした。

また、検察側主張によれば、村木課長が虚偽公文書の作成を上村係長に指示したのは六月八日から六月一〇日までの間とされているところ、フロッピーディスク・データの作成及び更新日時は二〇〇四年六月一日となっている。判決は、この事実の下で、村木課長と上村係長の共謀の日を六月上旬とする塩田部長や倉沢会長ら関係者の検面調書はその限りにおいて信用できず、両者間の共謀がなかったことを前提とする村木課長や上村係長の公判証言が信用できるとした。

このように、判決文は、検察官の主張を否定する場合でも、否定の範囲を客観証拠と明確に相容れない部分のみに限定している。さらに検察官の主張の限定的否定を行った場合には、それでも検察側主張が全体として成立するかどうか、あらゆる可能性を想定して、その可能性の一つ一つを丁寧に検証することにより、そのことごとくを否定している。これでは検察官は、無罪判決を不服としても、(すでに判決文で控訴のネタをすべてつぶされているので)控訴しようがない。

天下の特捜検察なのだから、一審で無罪判決が出れば当然のように控訴する。本件では、判決後に前田主任検事によるフロッピーディスク改竄問題が発覚し控訴どころではなくなってしまったが、仮に前田主任検事の証拠改竄問題がなかったとしても、特捜検察は控訴などできなかったであろう。本件大阪地裁による無罪判決には、検察官の控訴を許さないとする裁判所の強い意志を感じる。

4　特信状況

本件大阪地裁の無罪判決は、「刑事訴訟法上の特信状況を客観証拠と整合する範囲に限定して認める」という画期的な判断を示している。ここで、特信状況とは、検察官の面前での供述が、公判廷での供述より信用できるとする特別な事情のことをいう。

そもそも、刑事訴訟法は、裁判官面前調書(1号書面)、検察官面前調書(2号書面)、その他の特信状況書面(3号書面)の三種の書面の証拠採用要件を定めており、2号書面の場合には、特信状況がある場合に限り証拠能力が認められることになっている(第三二一条第一項及び第三二二条)。

検察官は、被疑者や参考人を取り調べた内容に基づき調書を作成し、これを読み聞かせた上で本人に署名させる。公判で証人が捜査段階の検面調書を否定する証言を行うと、検察官は、その特信性を主張して検面調書を証拠請求する。そして、裁判所が、検面調書と公判証言のどちらを信用できるとするかを判断することになっている。

ところが、この場合の特信状況は、公判供述と検面調書の間で、どちらがより信用できるかという比較上の特信状況があれば十分とされ、その立証も必ずしも厳格なものが要求されているわけではない。場合によっては、外部的な特別の事情が立証されなくても、供述内容それ自体によって特信状況の存在を推知せしめられれば十分であるという最高裁判例(最高裁昭和三〇年一月一一日)もある。

日本の裁判では、検面調書における特信状況の認定は殊の外緩やかとなっている。とりわけ、特捜事件における特信状況はその認容範囲が殊の外広く、検面調書と客観証拠に齟齬があり、公判証言と客観証拠が整合する場合といえども認められることが多かった。厚労省村木事件のような逆転証言は、公判で傍聴席が盛り上がるものの、判決上はほとんど意味がなかったのである。

検面調書を絶対視する特捜検察の捜査手法は、裁判所に強く支持されてきた。客観証拠と検面調書の矛盾が出た場合といえども、裁判所はすでに特信性を認めて検面調書を証拠採用しているので、客観証拠を巧みに躱《かわ》しながらも、検面調書に従った有罪判決を書かざるを得なかったのである。

このような傾向は、物証の少ない経済犯罪に特に顕著で、過去においては、私が有罪判決を受けたキャッツ粉飾決算事件のように、共謀の日に被告人にアリバイがあっても有罪判決が出た事例まである。経済事件は理屈の犯罪なので、アリバイがあっても犯行に及ぶことは可能だというのである。

検察官が被告人に有利な内容を検面調書にとることはないので、検面調書の内容は被告人に不利益な事実の承認に決まっている。しかも、それが検察官の面前という「特に信用すべき状況」の下に供述されたのだから、検面調書は、公判での証言にかかわらず、ほぼ無条件に証拠採用されてしまう。

この場合、弁護人は、検面調書の任意性を争う以外に方法はない。

そこで、弁護人は、検面調書が監禁と誘導により強要されたもので任意性がないと主張するのであるが、拷問による傷病診断書でもない限り、このような主張が裁判所により認められることはまずない。

たとえどのような罵詈雑言を浴びせられたとしても、その検面調書は、本人が自分の意思でペンを持ち、自分の名前を自分で書いて署名していることには違いない。だから検察官は、被疑者を尋問する場合、被疑者に物理的外傷だけはつけないように細心の注意を払っている。刑事訴訟法上の特信規定がある限り、たとえ裁判官が被告人に無罪の心証をもったとしても、裁判所がこれに無罪判決を出すのは途轍もなく難しい。

5　関係者の自白調書

被疑者が精神力の強い人で、特捜検察の取調べに見事耐え切って自白調書の署名を拒みきった場合でも状況は変わらない。検察官は、本人が自白しなくとも、事件の関係者に自白をさせればよい。もとより共犯者の自白は、共犯者が自分の罪責の忌避あるいは軽減のために虚偽の供述をして無実の者を引き込む危険があるので、その供述は危険極まりない。厚労省村木事件における塩田部長と村木課長の関係は、まさに、塩田部長が、自分の罪責の忌避あるいは軽減のために虚偽の供述をして無実の村木課長を冤罪に引き込んだものに他ならない。

日本国憲法は、本人の自白だけでは有罪とすることができないと定めている(憲法第三八条第三項)。それでは、本人が自白しないまま、共犯者の供述だけで被告人を有罪にすることができるのかという点が問題となるが、この点につき、

〝共犯者の供述(自白)は憲法第三八条第三項にいう「本人の自白」に当たり、他に独立の補強証拠がない限り被告人の有罪を認定できない。(団藤重光)〟

とする少数有力説があるものの、判例・多数説は、共犯者の自白をいわゆる「本人の自白」と同一視することはできないとして、共犯者の供述のみで被告人を有罪とすることを肯定する。現行司法実務上、共犯者の供述は、その信用性が専ら自由心証主義に任される分野の問題とされている。

現行司法実務では、客観証拠と齟齬があり、本人は自白していなくとも、共犯者の供述のみで被告人を有罪とすることができる。特捜事件については、裁判所が検面調書の特信状況を特に重く認定する。すなわち、検察庁特捜部は、どんな人でもこれを逮捕して有罪にすることができる。そして事実としてどんな人でも逮捕して有罪にしてきた。

厚労省村木事件では、厚労省関係者が村木課長の関与のないことを法廷でこぞって証言したが、これらの関係者も、検察官による取調べでは村木被告の指示共謀を供述した検面調書をとられている。日本の裁判所は、公開の法廷で行われた証言よりも検察庁の密室でとられた検面調書の信用性を重く見ることになっているので、普通であればこれでも有罪判決が出る。村木課長が自認しているように、この事件で無罪判決が出たのは、村木課長を取り巻く稀有な幸運が集積したからに他ならない。

弁護人が指摘するフロッピーディスクの更新日時データ(プロパティ)問題にしたところで、

「弁護人は、捜査報告書記載のデータでは最終更新日時が同年六月一日となっていることを理由として、関係者の供述に信用性がないと主張するのであるが、もとよりフロッピーディスクのデータと本件公的証明書は必ずしも同じものとは限らないのであるから、捜査報告書記載のデータを前提として関係者の供述の信用性を否定する弁護人の主張は採用できない」

とでもしておけば、立派な有罪判決が出来てしまう。

厚労省村木事件の判決文では、まず、特信状況の一般原則を指摘した上で、検面調書による事実認定を客観証拠との整合性の範囲内においてのみ認めるという歴史的判断を下している。判決文該当部分を転載する。

〝それぞれ立場が異なるものが、それぞれ異なった場面に関して、相互に符合する供述をすることは、それ自体、信用性を高め合うものであるといえる。

そして、それが、それぞれの者にとって有利とはいえない事実であり、かつ、それぞれの供述内容が具体的で迫真性がある場合は、信用性を高め合う度合いはより大きいものであるといい得る。

倉沢会長、河野代表発起人、塩田部長、北村課長補佐、田村室長補佐、村松前任係長の公判供述あるいは検察官調書は、その意味で、相互に補完し合い、信用性を高め合うものといえる〟

〝人間の供述というものが、認識、記憶、表現の三段階で誤りが混入する可能性があり、また、供述内容の具体性、迫真性というものは、後で作り出すことも可能である以上、客観的な証拠による裏付けのない供述については、供述自体の信用性判断は慎重になされるべきであり、各々の供述に、いろいろな評価や見方を踏まえても、客観的証拠、あるいは証拠上明らかに認められる事実に照らして不合理な点がある場合には、いかに供述内容に具体性、迫真性があるようにみえ、各々の供述が符合していても、その信用性は大きく低下するといわざるを得ない。

この観点からみると、検察官主張を裏付ける倉沢会長、河野代表発起人、塩田部長、北村課長補佐、田村室長補佐、村松前任係長の公判供述あるいは検察官調書には、フロッピーに保存されたデータや手帳、名刺その他の客観的証拠や証拠上明らかに認められる事実にそれぞれ符合しない点があり、それらの供述がいかに相互に符合しているとしても、信用性を高め合うものとはいえず、全体としてみても、十分な信用性があると認定することはできない。

他方、検察官主張を否定する村木課長の捜査、公判供述、上村係長、塩田部長、北村課長補佐、田村室長補佐らの公判供述は、客観的証拠や証拠上明らかに認められる事実に反する点はない〃

6　村木課長の運

厚労省村木元局長は、事件後『私は負けない』という本(中央公論新社、二〇一三年一〇月二五日刊)を上梓した。村木元局長は、この本のはしがきの中で、自分が無罪判決を取れたのは多くの幸運が重なったおかげと書いている。該当部分を転載する。

〝有罪率九九パーセントの日本の司法の中で、私は幸いにも無罪判決を得ました。さらに幸いなことに、検察が控訴を断念したことによって、「被疑者」「被告人」という立場から一年三ヵ月ほどで解放されました。今振り返ってみても、本当に幸運だったと思います。第一に心身とも健康で、拘置所の生活でも健康を崩すことはありませんでした。第二に収入の安定した夫がいて、私が被告人となって収入がなくなっても家族の生活を心配する必要がありませんでした。第三に素晴らしい弁護団に巡り合うことができました。第四に、「客観証拠」という基本を重視する裁判官が公判の担当でした。第五に家族が二〇〇パーセント信頼して一緒に闘ってくれました。第六に多くの友人、職場の仲間が、物心両面でサポートをしてくれました……。数え上げたらきりがありません。こうした多くの幸運のおかげで、私は、虚偽の自白に追い込まれることなく否認を貫き、裁判を闘いきることができたのです。別の言い方をすれば、こうした多くの幸運が重ならないと、いったん逮捕され、起訴されれば無罪を取ることは難しいのです〟

村木元局長は本件無罪判決をめぐる六点の幸運を挙げるのであるが、この内、①心身の健康、②安定的経済力、⑤家族の信頼、⑥友人等のサポートの四点は、村木元局長の属人的優位性であり、これを運とは言わない。また、③優秀な弁護団にしたところで、弘中惇一郎弁護士の刑事弁護実績は公知のことで、数ある日本の弁護士の中から弘中弁護団を選択したのは村木元局長自身なのだから、これまた運とは言えない。本件無罪判決をもたらした唯一の運は、本件がたまたま大阪地方裁判所第一二刑事部の係属となり、横田信之裁判長という客観証拠を重視する稀有な裁判官が担当となったこと

④にある。

厚労省村木事件が大阪地裁第一二刑事部に係属となった時、弘中惇一郎弁護士は、「事件が起きた場所は東京で、被告人も他の関係者も皆東京周辺にいる人なのだから、東京地裁に移管すべきだと主張しようと思ったが、評判のいい裁判長だったのでやめた」として、横田信之裁判長による判決を望んだという（『私は負けない』六一頁）。

検面調書に無条件の特信状況を認める裁判官が多い中で、客観証拠を重視する裁判官などそうそういるものではない。この偶然を瞬時に選択した弘中惇一郎弁護士の選択が、村木元局長無罪への決定打となった。数ある裁判官の中で横田裁判官に当たったのは運としか言いようがない。

古今東西、刑事民事にかかわらず、裁判ではより説得力あるストーリーを描いた側が勝つ。ここで客観証拠に裏付けられたストーリーにより説得力があることは言うまでもない。多くの人が誤解しているが、裁判は事件の真実を明らかにする場ではない。真実を明らかにしようとしても、裁判所はそのための調査機能など持っていない。裁判は、あくまでも検察側と弁護側がそれぞれの主張を証拠により立証し、裁判所がその信用性を評価することにより判決が出される。裁判官の心証が、より説得力のあるストーリーを描く側に傾くのは、当たり前のことであろう。

検察官による冒頭陳述は、公判において立証しようとする検察側ストーリーであり、検察官はこのストーリーに説得力を持たせるため、膨大な国費と時間を使って検面調書という証拠を集積する。ところが、弁護側は、一般に、弁護側ストーリーを示さない。弁護側ストーリーを展開するためには、弁護人はストーリーを描けるだけの基礎的な事件調査を行う必要があり、そのような調査を行ってしまうと、弁護士報酬が莫大なものとなって、被告人がその経済的負担に耐えられないからである。やむなく、弁護側は、検察官立証に反証を加えるだけで公判を終えることになる。ここに、日本の刑事裁判で弁護側が勝てない根源的な理由がある。

刑事訴訟法第三三六条は、

「被告事件が罪とならないとき、又は被告事件について犯罪の証明がないときは、判決で無罪の言渡をしなければならない」

と規定している。

ここで、犯罪の証明とは合理的疑いを超える証明のことをいうので、弁護側とすれば、検察側立証に合理的疑いがあるという反証ができれば無罪判決を得ることができる理屈となる。しかし、現行司法実務においては、無罪を強く示唆するものでない限り「合理的疑い」がある反証とは認められないかのような運用がなされているので、「動機が弱い」とか、「検察官立証は矛盾している部分がある」などといった反証では合理的疑いとは見做されない。

すなわち、現行司法実務では、「疑わしきは罰せず」の司法原則は生きていないことになるが、これは、現在の日本の国民意識が必ずしも「疑わしきは罰せず」とはなっていないことに起因する。少なくとも、圧倒的多数の日本国民は、「たとえ一〇人の真犯人を逃がすとも、一人の無辜を罰するなかれ」とまでは思っていない。国民世論は、「たった一人の真犯人も逃がすことを許さず、これと同時に、たった一人の無辜も罰してはいけない」などと、とてつもなく難易度の高い司法を求めているのである。

すでに事件は起きている。事件が起きて国民生活に不都合が生じている以上、国民は事件の解決を求める。そこで、検察官は、被告人を犯人として事件のストーリーを示し、有罪論告でその決着を求める。これに対して、弁護側は、検察官立証を反証するだけで、弁護側としての事件の真相を提示しない。弁護側は、被告人が無実だと主張するが、国民は、「それでは真犯人は何処にいるのか？」と弁護士に聞きたくなってしまう。

弁護側が事件の真相を提示できないのは、刑事被告人には、一般に、基礎的な事件調査費用を負担するだけの経済力がないからではあるが、だからといって、裁判所がその事情に配慮することはない。事件の真相を提示しない弁護側が、事件の決着を求める日本の刑事裁判に勝つことはできない。

ところが、厚労省村木事件の場合、弁護側が特段の事件調査などやらなくとも、弁護側による事件の真相が自然と公判に提示できてしまった。上村係長のおかげである。上村係長は、

「虚偽公文書は、私が、誰の指示もなく単独で作成しました」

などと言って、弁護側にとってこれ以上望みようがないほどの完璧なストーリーを証言してくれた。ただし、弘中弁護団は、厚労省村木事件の基礎調査を手弁当で行って、この段階ではすでに十分説得力のある弁護側ストーリーを完成させていたので、上村係長の証言は鬼に金棒を持たせるごとき破壊力を持つことになった。ちなみに、金にもならない刑事事件の基礎調査を手弁当で行う弁護士など、まことに不幸なことに、私はいまだかつて他に見たことがない。

上村係長が村木公判で検面調書を全面否定する逆転証言を行うことは公判前から分かっていたので、弁護側は、実行犯の証明付き真相を公判廷に提示することができた。これが厚労省村木事件の初公判

で提示された弁護側冒頭陳述である。しかもそのストーリーは、実行犯としての上村係長自身が公判で証言するのだから、客観証拠とも完璧に整合している。上村係長の証言に裏付けされた弁護側ストーリーは、検察側ストーリーに比較して、説得力が桁外れに強いのである。

上村係長は、公判で事件の真相を述べることにより、村木課長の無罪判決に大きく貢献した。上村係長は、検察側ストーリーを検面調書で認めることにより無実の村木課長を冤罪逮捕に陥れたとされているが、村木課長を最初に指差したのが塩田部長であることはすでに述べた通りである。上村係長は、塩田部長が村木課長の関与を認めているからと検察官に強く迫られ、やむなく検面調書に署名したに過ぎない。

そもそも、上村係長にとっては、単独犯とされるより、村木課長の指示による(止むに止まれぬ)従属犯とされた方が、その罪状ははるかに良くなる。検察官の作り上げた嘘の自白調書は、上村係長にとって十分なメリットがあったのである。しかし、事実と異なる検面調書に署名したことに対する上村係長の自責の思いは殊の外強く、それがこの人の涙の証言となり、弁護側ストーリーはさらに説得力を増すこととなった。

上村係長こそ村木課長の無罪判決に対する最大の貢献者ということになるが、このような共犯者証言が出たというのも結局は村木元局長の人柄のおかげで、これまた村木元局長の運というわけではない。

7　上村係長の動機

さて、事件は上村係長の単独犯行ということで決着したが、そもそも、上村係長は、本件捜査の初めから虚偽公文書を単独で作成した旨を供述していた。ところが、検察官は、上村係長の単独犯行とする調書を完成させなかった。検察官が上村係長の単独犯行を呑めなかったのは、大阪地検特捜部が、

「ノンキャリアの上村供述を梃子としてキャリアの村木課長を逮捕したい」

という邪心を持っていたからではあるが、その邪心は措くとしても、検察官には上村係長が単独犯行に及ぶ動機が理解できなかったからでもある。検察官は、冒頭陳述において、

「上村厚労省係長は、内容が虚偽の本件公的証明書を作成し交付するという違法行為を独断で行う理由も必要性もない」

と切言している。

上村係長は、虚偽公文書を単独で作成したことについて、

〝当時、初めて担当した予算の仕事で頭がいっぱいになり、「凜の会」の案件処理は、雑事として、先延ばしにしてしまった〟

と証言している。そして、「凜の会」から催促されて追い込まれ、そこで虚偽の稟議書を偽造して一

時しのぎをしたものの、「凜の会」からの再度の督促から逃れきれなくなり、その結果、誰にも相談することなく単独で虚偽公文書を作成したというのである。

上村係長は、初めて担当した予算の仕事で頭がいっぱいになり、「凜の会」の公的証明書発行のことなどすっかり忘れてしまっていた。それがこの人の弱みとなり、「凜の会」がその弱みに付け込んで公的証明書の発行を督促するので、やむなく虚偽公的証明書を単独で作成した。上村係長は、この虚偽公文書を作成するに際して、村木課長の公印を隠れて押印しているので、この人が虚偽公文書作成について故意がなかったというわけではない。

虚偽公文書作成罪は一年以上一〇年以下の懲役刑の定めのある重罪である。検察官は、上村係長による怠慢の糊塗など、虚偽公文書作成罪を犯す動機にはならないと考える。上村係長のように、人が良いばかりで要領の悪い人は検察庁にはいないのであろう。しかし、厚労省にはいる。このような人は、自分の要領が悪いことを常々自責しながら生きているので、自分の怠慢を理由に人から強く物事を強要されればそれを拒むことができない。

ここで、上村係長とすれば、自分の怠慢により「凜の会」に対する公的証明書の発行が遅れたのだから、「凜の会」の希望通りに公的証明書を発行して、自分の怠慢を糊塗したいという動機がある。そのためには、実体が分からない「凜の会」に対して、正規の手続を取ることなく公的証明書を発行しなければならない。上村係長は、これが虚偽有印公文書作成となるかもしれないとは思ったであろうが、同時に、こんなことはみんなやっていることで、やったとしてもばれることがなく、そもそもたいしたことではないと思っていたに違いない。

二〇〇四年五月一七日、衆議院決算行政監視委員会第三分科会において、低料第三種郵便物の悪用事例が議論されている。当時は、実体が疑わしい障害者団体がいくらもあったのであり、厚労省は、それらの偽装団体に障害者団体としての公的証明書を発行している。また、郵便不正事件においては、郵便事業会社の四支店五〇名の職員が大阪地検特捜部による任意の取調べを受けたが、彼らの大半は、「(彼らの取り扱った)ダイレクトメールが制度の要件を備えていないと認識していた」旨の供述を行っている。上村係長の周りでは、こんなことはみんなやっていることで、たいしたことではなかったのである。

しかも、上村係長が公的証明書に押印した公印は、二重施錠等の厳格な保全措置のないままに、郵政省障害保健福祉部企画課内キャビネットに漫然と保管されていた。かくの如きお粗末この上ない公印管理体制の結果、上村課長は公印を不正押印するに際して何ら実行上の不都合もなかった。

上村係長も、公印がいつでも自由に使える状態に放置されていたからこそ本件犯行に及んだはずで、ということは、障害保健福祉部企画課の職員であれば、誰でも簡単に公印を不正押印することができたということにもなる。上村係長の虚偽有印公文書作成の動機が自らの怠慢の糊塗にあるというのは、検察官が理解できないというだけのことで、それ自体としては別段おかしな話ではない。

8　事件の結末

上村係長は、共犯とされた村木課長と共に、二〇〇九年七月に虚偽有印公文書作成・同行使の罪で起訴されたが、二〇一〇年九月に村木課長の無罪が確定したため、上村係長自身の公判は約一年間中断されることになった。裁判所は、検察官主張による村木課長との共謀部分を除く形での訴因変更を認め、二〇一一年八月に公判が再開された。

弁護側は、

「大阪地検特捜部による捜査資料改竄・隠蔽事件などが原因で長期の審理を強いられ、公正な刑事手続が阻害された」

として公判打ち切りを求めたが、大阪地裁の中川博之裁判長は、

「検事による重大な違法行為はあったが、公判打ち切りしかない場合には該当しない」

として弁護側主張を退け、上村係長に対し、懲役一年執行猶予三年の有罪判決を言い渡した。上村係長は、一審判決に控訴することなく刑は確定した。

「凜の会」の倉沢会長は、郵便法違反と虚偽有印公文書作成・同行使の罪で起訴され、郵便法違反の起訴事実は認めたものの、虚偽有印公文書作成については

「証明書の作成過程を知らなかった」

として否認した。

一審大阪地裁は、二〇一〇年四月二七日、倉沢会長に対し、郵便法違反について罰金五四〇万円としたものの、虚偽有印公文書作成・同行使については無罪判決を言い渡した。倉沢会長の刑は、一審大阪地裁判決の通り確定している。

「凜の会」の河野代表発起人も、倉沢会長と同様、郵便法違反と虚偽有印公文書作成・同行使の罪

で起訴された。河野代表発起人は、一審大阪地裁で起訴事実を認め、検面調書の証拠採用も争わなかった。このため、大阪地裁は、検察官の主張通りの起訴事実を認め、二〇一〇年五月一一日、河野代表発起人に対して、懲役一年六カ月執行猶予三年の有罪判決を言い渡した。

しかし、河野代表発起人は、一審大阪地裁の有罪判決後、一転、一審大阪地裁の判決は事実と異なるとして大阪高裁に控訴した。この時、河野代表発起人は、マスコミに対し、

「村木さんを助けるため、控訴せなあかん」

と語っている。

その後、二〇一〇年九月の村木課長に対する無罪判決があって、検察側は当初の起訴事実の訴因変更を申し立て、裁判所はこれを認めた。二〇一二年三月二二日、大阪高裁の的場純男裁判長は、

「村木さんの関与が認められない以上、有罪とするには河野被告と上村係長の直接的な共謀が必要だが、それを示す十分な証拠がない」

として、逆転無罪判決を言い渡した。大阪高検は最高裁への上告を断念し、これにて刑が確定している。河野代表発起人は、この無罪確定八カ月後の二〇一二年一一月一七日、心臓疾患で亡くなった。

村木課長は、二〇〇四年六月の虚偽公文書事件発生当時は障害保健福祉部企画課長であったが、逮捕時の役職は厚労省雇用均等・児童家庭局長となっていた。虚偽公文書事件の無罪確定後、厚労省の大臣官房付として職場に復帰し、その後二〇一三年七月二日、厚生労働事務次官に栄進した。その後、二〇一五年一〇月に厚生労働省を退官している。

第7章　大阪地検特捜部

1　マスコミに殺された

二〇一〇年九月一〇日、大阪地方裁判所は、虚偽公文書事件において、厚労省の村木厚子元局長に対し無罪判決を出した。無罪判決五日後の九月一五日、朝日新聞が、虚偽公文書事件において争点となった公的証明書のフロッピーディスクを弁護人より借り出して大手セキュリティー会社に鑑定に出したところ、改竄の可能性が高いとの鑑定結果が出たのが九月一九日のことである。この鑑定結果はただちに大阪地検の知るところとなった。地検と大手メディア社会部記者は、司法記者クラブを介して、常時持ちつ持たれつの情報共有をしているのである。

大阪地検の小林敬検事正は、九月一九日夜、記者からフロッピーディスクのデータの日付が「六月一日」から「六月八日」に変更されていると聞き、翌九月二〇日、虚偽公文書事件で主任検事を務めた前田恒彦検事に問いただしたところ、前田主任検事は、「過誤により本件データを変えた可能性がある」旨の弁明をした。

特捜検察における主任検事とは当該事件に限り捜査現場において全権が与えられる検察独特の制度であり、民間会社における主任とはわけが違う。小林検事正は、虚偽公文書事件の捜査担当であった國井弘樹検事の執務室に行き、その場にいた國井検事と公判担当の塚部貴子検事と会話を交わし事情を聞いた。前田主任検事は、小林検事正による事情聴取の後、本件データの改変が過誤であることを説明する報告書を作成して提出した。

朝日新聞は、翌九月二一日の朝刊で前田主任検事のフロッピーディスク改竄疑惑を報道し、検察庁は、同日夜、前田主任検事を証拠隠滅の容疑で逮捕した。その一〇日後の一〇月一日、前田主任検事の上司であった大坪弘道大阪地検特捜部長及び佐賀元明大阪地検特捜部副部長が犯人隠避の容疑で逮捕された。

逮捕・起訴後、前田主任検事は起訴事実を認め、二〇一一年四月一二日、大阪地方裁判所は前田主任検事に懲役一年六カ月の有罪実刑判決を言い渡した。前田主任検事はこの有罪判決に対して控訴せず、実刑が確定した。前田主任検事はその後収監され、現在は出所し社会復帰をしている。

一方、大坪特捜部長と佐賀副部長は、起訴事実を否認し激しく裁判を争ったが、大阪地裁は、二〇一二年三月三〇日、大坪特捜部長及び佐賀副部長にそれぞれ懲役一年六カ月執行猶予三年の有罪判決を言い渡した。大坪特捜部長及び佐賀副部長両名は控訴したものの、二〇一三年九月二五日、大阪高等裁判所は両名の控訴を棄却した。大坪特捜部長及び佐賀副部長両名は最高裁において高裁判決を覆す根拠がないとして上告を断念、これにて高裁判決が確定している。

大坪・佐賀犯人隠避事件の一審大阪地裁における裁判は二〇一一年九月一二日に初回公判が開かれ

た。その一審公判中の二〇一一年一二月二〇日、大坪特捜部長は、『勾留百二十日——特捜部長はなぜ逮捕されたか』と題する本を文藝春秋より上梓した。この本の中で大坪特捜部長は自らの無実を強く主張しており、その概要は次の通りである。

〝広告代理会社が、障害者団体向け郵便料金割引制度を悪用して、企業の広告ダイレクトメールを発送し、正規料金との差額数十億円を不正に免れたという事件である。その捜査の過程で、実体のない障害者団体が厚生労働省から偽の証明書を入手し、その証明書を使ってこの郵便料金割引制度の認定を受けていることが明らかとなった。

その証明書には村木厚子厚生労働省課長（当時）の印鑑が押されていた。捜査を進めるうち、村木課長が障害者団体にその実体がないことを知りながら偽の証明書の発行に関与していた疑いが強まり、村木課長とその部下であった上村勉係長（当時）を逮捕・起訴した〟（『勾留百二十日』二三〜二四頁）

〝だがその後、村木課長の裁判で、弁護側から検察ストーリーと上村係長方から押収されたフロッピーディスクデータとが矛盾しているとの主張がなされた。それを境に、厚労省関係者らが次々に捜査段階での供述を覆していった。そして平成二十二年九月十日、無罪判決という最悪の結果となった〟（同二四頁）

〝それに追い打ちをかけるように、今朝（平成二十二年九月二十一日）の朝日新聞は、前田主任検事が偽の証明書の作成日付と検察捜査の見立てが合致するよう、押収したフロッピーディスクに残っていた証明書の更新日時データ（プロパティ）を故意に改ざんした疑いがあると報道したのである。しかも朝日新聞の記事では、更新日時が「04年6月1日午前1時20分06秒」から「04年6月8日午後9時10分56秒」に変わっていると具体的に指摘されている〟（同二四頁）

〝今からさかのぼること約七カ月前の平成二十二年二月初旬頃、村木公判の実質審理がはじまる直前になって、公判担当だった塚部貴子検事や白井智之検事らが「前田検事がフロッピーディスクデータを書き変えた」と騒いだことがあった。佐賀元明副部長に指示して当時東京地検特捜部への応援で出張していた前田検事に事の真偽を確認させたところ、「起訴後、フロッピーディスクを上村氏に還付する際に、上村氏がデータの内容を変えていないか検証するためその確認作業をした。その際、誤ってデータを書き変えてしまった可能性があるが、もしそうであったとしても意図的に変えたものではない」と前田検事が説明した旨の報告を受けた〟（同二五頁）

〝そもそも前田検事のようなベテラン検事が証拠物そのものに手を加えるなどということ自体が信じ難いことであった上、彼が問題のフロッピーディスクを直ぐに上村氏側に返していることや、フロッピーディスク内に入っていた証明書の更新日時データは捜査時に証拠化されていたことから後で原本のデータだけ変えても意味がないことなどを考慮し、私は前田検事の説明を信じた。そして、彼の取扱上のミスでフロッピーディスク内のデータが変わった可能性があると判断し、上司に報告して了承を得たという経緯があった〟（同二五頁）

〝そもそも國井検事は平成二十二年二月一日から本件の発覚時まで、「前田検事からは、『証拠取扱上のミスによってフロッピーディスクのデータを改変した可能性がある』と聞いています」

と私に説明し、その後もその認識を前提に私に対応していた〟(同二七頁)

〝だが、逮捕されたから分かったことであるが、平成二十一年七月頃、國井は前田からフロッピーディスクを改竄したことを打ち明けられていた。彼はそのことを私に一切報告しなかったばかりか、前田の説明を受けてフロッピーディスクデータ改変は前田の取扱上のミスによるものとした私や佐賀副部長の判断認識に沿う説明ばかりをしていた。今から思えば二枚舌を使っていたのだが、私は彼を完全に信じ切っていた〟(同二七頁)

〝今回の私の逮捕はマスコミの風圧に検察が扇動されたようなものであり、結果的にマスコミに殺されたと私は思っている〟(同六一頁)

この著書の中で、大坪特捜部長は、前田主任検事が故意にフロッピーディスクを改竄したとの認識を否定している。ならば、前田主任検事において、故意犯を対象とする証拠隠滅罪は成立しない。そうすると、前田主任検事は犯人ではないので、大坪特捜部長の犯人蔵匿罪は成立しないという理屈になる。

2　大坪特捜部長の弁明

大坪特捜部長の弁明はさらに続く。

〝私が確信をもって指揮し、起訴の判断をした村木事件であったが、私の知らない所で前田主任検事と國井検事がフロッピーディスクのデータと矛盾することを承知しつつ村木厚子氏の共謀にかかわる上村勉氏の供述調書を作成していたことを公判で弁護側に衝かれて躓き、その後は上村氏をはじめ厚労省サイドの証人が法廷で次々に捜査段階での供述を覆し、坂をころげるように暗転して、ついに無罪判決が下された。それに追い打ちをかけるように前田主任検事のフロッピー改竄事件が発覚して世間に衝撃が走り、その高まる渦の中に私も巻き込まれ、囚われの身になった〟(同七〇頁)

〝捜査過程で主任検事の前田検事や上村氏取調べ担当の國井検事がこの事実を承知しつつ、上司の私に一切報告しないまま上村氏の調書を勝手に作成していたことが判明した。なぜ私にそのことを報告し、相談しなかったのかと深く悔やんだが、すでに後の祭りでどうしようもなかった〟(同八七頁)

〝平成二十二年二月一日(月曜)の朝、私は佐賀副部長から突然、「塚部検事や白井検事らが、『前田検事がフロッピーディスクのデータを書き変えたのでそれを早く公表しろ』と言って聞かないんです。前田本人から確認をとっていないので事実の確認はできてはいません」との衝撃的な報告を受けた。さっそく白井検事らから直接事情を聞いたところ、「前田検事はデータの書き変えをしています。この事実を早く公表して下さい」と言うばかりであった。そこで白井検事に対し、「公表の前にまず事実確認をすることが先決だ。こちらで調査するからそれまで君らだけで軽々しく動くな」と説得するとともに、午後四時ごろ佐賀副部長に対し、東京の前田検事に電

話して直接事実を確認するように指示した〟(同一〇六頁)

〝翌二日の午前九時頃に登庁したところ、佐賀副部長から「昨日、前田から電話で聴取したところ、前田は、『フロッピーのデータを検証中、誤って原本のデータに触れた可能性がある』と話しています。故意に変えたのではなく、取扱上のミスで変った可能性があるということです」との報告を受け、私は深く安堵した。故意ではなく過失によってデータが変ったのであれば、当事者の前田検事はもとより上司の私も行政責任は免れないが、あくまで証拠の取扱上のミスであるから、前田検事が刑事責任を問われるような最悪の事態にはならない〟(同一〇七頁)

〝しかし残念かつ無念なことに村木事件捜査の一連の証拠関係のうち、上村元係長の供述調書の一部が上村氏の自宅から押収されたフロッピーディスクのデータと矛盾するという不備が存在したのである〟(同二〇〇頁)

〝前田主任検事の見立てでは、関係者らの供述から、村木氏が上村元係長に指示して公的証明書を作成させたのは平成十六年六月八日から十日までの間と想定され、それに沿う上村元係長の供述調書を作成した。だがフロッピーディスクに残っていた公的証明書の作成日付データ(プロパティ)は平成十六年六月一日未明であり、このプロパティ情報通りなら上村元係長が村木氏から指示されて証明書を完成させたのは六月一日以前となる。だとすれば検察の見立てと客観データが食い違うことになる。その矛盾が後日、村木氏の公判で指摘されたのである〟(同二〇〇頁)

大坪特捜部長は、逮捕後、司法修習同期の弁護士たちから絶大な支援を受け、また経済的にもかつて大坪特捜部長に逮捕された人を含むさまざまな人たちから大きく援助されたこと、あるいは本人の家族内における信頼の篤さや家族愛を記述している。私には、大坪特捜部長がこの本の中で嘘を言っているとは思えない。

3　虚偽過誤説明の出来栄え

大坪特捜部長が罪に問われた犯人蔵匿罪の客観的構成要件は、「罰金以上の刑に当たる罪を犯した者又は拘禁中に逃走した者を蔵匿し、又は隠避させた」(刑法第一〇三条)ことにある。大坪特捜部長に犯人蔵匿罪の犯意(故意)が認められるためには、前田主任検事が「罰金以上の刑に当たる罪を犯した者」であるということを大坪特捜部長が認識していなければならない。

ここで前田主任検事は、証拠品であるフロッピーディスクのデータの改竄について証拠隠滅罪に問われているが、証拠隠滅罪は故意犯を対象とするので、前田主任検事が過失によってデータを改竄したのであれば証拠隠滅罪は成立しない。大坪特捜部長が「前田主任検事は過失によってデータを改竄したのであって、故意にデータを改竄したのではない」という認識をもっていたのであれば、大坪特捜部長には、前田主任検事が「罰金以上の刑に当たる罪を犯した者」であるという認識がなく、したがって、犯人蔵匿罪の犯意(故意)が認められない。

二〇一一年九月一二日に初公判の開かれた大坪・佐賀犯人隠避事件の一審公判は、すでにこの段階では前田主任検事の有罪判決が五カ月前に確定していることから、前田主任検事が故意によりフロッピーディスクの改竄を行った者(＝罰金以上の刑に当たる罪を犯した者)であることを当然の前提としている。そこで、裁判所は、「佐賀副部長に故意にデータを改竄したと報告した」旨の前田主任検事の証言を信用できるものとし、佐賀副部長に犯人蔵匿罪の犯意(故意)を認定した。

続いて、裁判所は、大坪特捜部長について、佐賀副部長が前田主任検事の故意のデータ改竄を認識していたのであれば、佐賀副部長が大坪特捜部長にこれを報告していたと考えるのが合理的であるとして、大坪特捜部長に対しても犯人蔵匿罪の犯意(故意)を認定した。ただし、大坪特捜部長に対する故意認定の証拠は状況証拠しかない。

佐賀副部長及び大坪特捜部長は、公判で、前田主任検事が過失によりフロッピーディスクのデータを改変したとする説明を信じたと主張した。一方裁判所は、前田主任検事が過失によりフロッピーディスクのデータを改変したとするのは虚偽(虚偽過誤説明)で、それを信じたとする佐賀副部長や大坪特捜部長の供述は信用できないと認定した。そこで、前田主任検事が、村木公判開始当初大阪地検内でフロッピーディスクの改変が問題となった際考え出した虚偽過誤説明の説得力について検証しておく必要がある。

前田主任検事は、村木課長らを起訴した後の二〇〇九年七月一三日午後、大阪地検の自分の執務室で、私物のパソコンでファイルバイザー4というソフトを用いて、問題のフロッピーディスクのプロパティ情報を、「二〇〇四年六月一日一：二〇：〇六」から「二〇〇四年六月八日二一：一〇：五六」へと改竄し、関係者の供述調書との辻褄を合わせた。前田主任検事は、その後改竄前及び改竄後の各電子データを別途保存して手元に保管している。

そもそも上村被告方で押収されたフロッピーディスクには、いくつかの文書ファイルの電子データが保存されており、その中に(1)「通知案」及び(2)「コピー通知案」と題する文書ファイル二個が存在した。ここで(1)「通知案」は本件公的証明書の作成データではない。前田主任検事の改竄した(2)「コピー通知案」の内容は次の通りである。

コピー通知案

- 文書内容

一ページ目に公的証明書の完成後原本と同内容の文書、二ページ目にファックス文書の各データがある。

- プロパティ情報

作成日付二〇〇四年六月一日、一一:一四:三二、最終更新日時二〇〇四年六月一日、一一:二〇:〇六

さて、前田主任検事考案の虚偽過誤説明は、

〝上村厚労省係長のフロッピーディスク中の「コピー通知案」を自分のパソコンのハードディスクにコピーし、一ページ目と二ページ目を入れ替えて、一旦、上書保存したが、それでは最終更新日時が本件改竄の日付になるので、もう一度、それを平成一六年の六月八日に変更した〟

というものである。

　事実は、前田主任検事は、上村厚労省係長のフロッピーディスクのデータを直接改竄したのであるが、このデータを前田検事のパソコンのハードディスクにコピーしたとすれば、それは「フロッピーディスクのデータをそのまま検証すると、それが書き換わってしまうようなミスが生じかねない」からというもっともらしい理屈をつけることができる。この嘘はそれなりの説得力がある。しかも、データをコピーする際、原データを上書保存するのは習慣的によく行われる行為で、その結果最終更新日時が変更されたとすれば、その変更は証拠物の原状復帰を意図したものではあっても、故意による証拠改竄とはならない。

　そうすると、「一ページ目と二ページ目を入れ替えて、一旦、上書保存したが、それでは最終更新日時が本件改竄の日付になるので、もう一度、それを平成一六年の六月八日に変更した」というのは分かるとしても、それではなぜ日付を五月三〇日でも六月一〇日でもなく六月八日にしたのかということが問題になる。ここで前田主任検事は、関係者の供述から公的証明書が六月八日から一〇日の間に作成されたに違いないと信じているので、だからコピー元の最終更新日付もきっと六月八日だったに違いないと思い込んだとしても、これはおかしな話ではない。すなわち、前田主任検事考案の虚偽過誤説明はそれなりによくできた嘘なのである。

　前田主任検事は、公的証明書が六月八日から一〇日の間に作成されたとする検面調書が大阪地検特捜部の取調べ検事たちによって大量に作成された後、國井検事から、フロッピーディスクの最終更新データが六月一日となっており検面調書と矛盾するとの報告を受けた。事実は、ここで狼狽した前田主任検事が、フロッピーディスクのデータの最終更新日時を六月八日に改竄して検面調書と辻褄を合わせたというものなのだから、この虚偽過誤説明は思いっきり嘘なのであるが、今現在の問題は、このデータ改竄をどのようにして検察庁上層部に説明するかということにある。万が一、この虚偽過誤説明が疑問を持たれて調査が行われたところで、フロッピーディスク自体は上村被告に返還されて検察庁にはないので、嘘がばれる心配はない。前田主任検事は、この時、「大阪地検上層部に報告する限りであれば、切り抜けられる説明ではないかと考えていた」という。この説明は地検上層部に対して十分な説得力があり、事実、この嘘はその後の検察庁内で何の問題もなく処理されていくことになった。

しかも、村木被告の弁護人は、すでに捜査報告書に基づいて弁護側冒頭陳述を終えており、フロッピーディスクの検証等を請求する可能性は限りなく低い。弁護側は、何も検証請求などと面倒なことをしなくても、すでに証拠開示となった捜査報告書で十分な立証が可能なのである。事実、弘中弁護団は、村木公判においてフロッピーディスクの検証など請求しなかった。大坪特捜部長及び佐賀副部長がこの虚偽過誤説明を信じたとするのは十分な合理性を持っている。

4　前田主任検事の告白

二〇一〇年一月二七日、弘中弁護団は、厚労省村木事件の初回公判期日において冒頭陳述を行い、その中でフロッピーディスクのプロパティ問題を次の通り指摘し、その内容は、報道各社でも大きく取り上げられた。

〝上村厚労省係長が証明書を作成した日時は、フロッピーディスクに記録された文書ファイルのプロパティによれば、一六年六月一日未明(午前一時二〇分〇六秒)以前であることが明らかなので、したがって、上村係長が六月上旬頃になって、厚労省課長であった村木被告の指示をきっかけに証明書作成に踏み切ったという検察官の主張は破綻している〟

フロッピーディスクのデータ改竄が弁護人の指摘により発覚することの不安に耐えられなくなった國井検事は、一月二七日の初回公判後、公判部の塚部検事らに本件改竄があった旨を告白し、これをきっかけとしてフロッピーディスクの改竄は、公判部主任の白井智之検事や東京出張中のG検事の知るところとなった。

國井検事は、塚部検事及びG検事との間で、一月二七日の深夜から同月三一日の深夜にかけて携帯メールのやり取りをして、本件改竄につきどのように対処すべきかを話し合ったが、結論を得るには至らず、前田主任検事が東京出張から帰阪するまでは態度を保留することにした。

一方、大坪特捜部長は、一月二七日、小林敬大阪地検検事正からプロパティ問題が報道されていることを指摘されて、初めてその存在を認識し、同日國井検事を特捜部長室に呼び出して、プロパティ問題の説明を受けた。また、初回公判の翌一月二八日には、特捜部長室において、プロパティ問題の検討を含めた会議が開かれた。この検討会議の参加者は、大坪特捜部長、佐賀副部長、國井検事、塚部検事及びH検事である。

この会議の際、大坪特捜部長及び佐賀副部長は、國井検事の作成した捜査報告書の内容を認識するとともに、國井検事から、

「検察官の主張を前提にすると、厚労省村木事件における虚偽公文書の作成日付は二〇〇四年六月四日以降と想定されるのに、問題の捜査報告書記載のデータでは最終更新日時が同年六月一日となっていることに矛盾があるが、これはデータであって、実際の文書作成とは結びつかない」

旨の説明を受けた。

ここでH検事から、

「検察官の主張を前提にすると、文書の作成日付は、正確には同年六月八日以降となるはずだ」

との指摘を受けたが、その際、大坪特捜部長は、

「前田は東京での仕事に専念させたいので、電話連絡はしないように」

と指示した。

この頃前田主任検事は、東京地検特捜部において同時期に進行していた小沢一郎元民主党代表の政治資金規正法違反事件の捜査のため、同じく大阪地検特捜部所属のG検事と共に、二〇一〇年一月二〇日から二月四日までの間、東京地検特捜部に派遣されていた。前田主任検事は、東京拘置所において、逮捕された公設秘書の取調べに従事していたのである。

公判部の塚部検事は、本件改竄を上司に報告すべきと考えていたが、そのタイミングについて踏ん

切りが付かなかった。土曜日になった一月三〇日の昼頃、塚部検事は、意を決して白井検事の執務室に行き、本件改竄を白井検事に告白した。これを聞いた白井検事は、塚部検事に指示して國井検事を呼び出し、白井検事の執務室の向かいにある証人テスト室で本件改竄があったことを聞きだし、一刻も早く上司に報告するように言った。

また、塚部検事は、一月三〇日午後三時四〇分にG検事に、携帯電話で、

「これから佐賀副部長に会って話をする」

旨伝えるとともに、その頃、佐賀副部長に連絡して佐賀副部長を大阪地検まで呼び出した。この日は土曜日で休日だったのである。

これに応じて佐賀副部長は、同日午後五時から予定されていた知人との親睦会の予定を変更して、午後四時四〇分頃、大阪地検に登庁し、午後五時頃から塚部検事の執務室で本件改竄につき話し合った。その際、佐賀副部長は塚部検事と口論になったが、午後七時頃、塚部検事の執務室を退去して副部長室に戻った。塚部検事は、午後七時二四分、携帯電話でG検事に電話をして、本件改竄について佐賀副部長に報告した旨を伝えた。

そのあと、佐賀副部長は、國井検事が副部長室に来たので副部長隣室に移動し、そこで缶ビールを飲むなどして話し合っていたところ、塚部検事から佐賀副部長とのやり取りを聞いた白井検事が副部長隣室にやって来た。そうしたところ、その場にいた國井検事の携帯電話に電話があり、佐賀副部長がこれに出て会話をして落涙するなどした。

前田主任検事は、政治資金規正法違反事件の取調べが一月三〇日午後一〇時五七分に終了した後の

午後一一時台に、状況を確かめるため國井検事の携帯電話に電話をかけたところ、國井検事は、

「目の前に佐賀副部長がいる」

と言い、すぐ通話の相手が佐賀副部長に代わった。以下はこの通話に関する前田主任検事の供述である。この供述の中で自分というのは、もちろん、前田主任検事のことである。

〝一月三〇日夕方から夜までの時間帯における政治資金規正法違反事件の被疑者に対する取調べの途中で、自らの携帯電話に、國井検事から、電話が欲しいという趣旨の連絡が入っていた。そこで、同日午後八時五一分頃、取調べを一旦中断し、政治資金規正法違反事件の主任検事にその内容等を報告し、落ち着いたところで、同日九時三五分に取調べを再開するまでの間に、自分の携帯電話から國井検事の携帯電話に電話をかけた。

そのとき、國井検事から、同日の大阪での出来事、すなわち、塚部検事が村木事件の公判担当主任である白井検事に本件改竄の件を伝えたこと、白井検事は大変な事態であるとしてただちに上司に報告すべきであると言い、これを受けて、塚部検事が直属の上司である佐賀副部長を呼び出し、國井検事と塚部検事の二人から佐賀副部長に本件改竄の件を伝えたこと、佐賀副部長が、この日の取調べが終わってからで良いし、何時まででも待っているから電話が欲しいと言っていることなどを伝えられた。

自分としては、大阪に帰って直接顔を見ながら上司に本件改竄を告白すべきだと思っていたが、本件改竄が上司の知るところとなった以上は、自分から本件改竄を告白するしかないと思った。

その際、自らが懲戒免職、刑事罰を受けることは仕方がないとしても、できることならば、ソフトランディング、すなわち、いきなりすぐに逮捕、自宅の捜査、官舎の立退きといったことではなく、内部的にも対外的にも手順を踏むことによって、若干の時間的余裕をもらいたい、そして検察に対する影響も極力小さい形で進めてほしいという希望があり、そのため自分ではどうしようもないので、まずは自分のしたことをきちんと上司に伝え、首を差し出した上で、処遇・対応については上司に知恵を絞っていただきたいという気持ちだった。

政治資金規正法違反事件の取調べが一月三〇日午後一〇時五七分に終了した後、同日午後一一時台に、状況を確かめるため、國井検事の携帯電話に電話をかけたところ、國井検事が目の前に佐賀副部長がいると言い、すぐに電話の相手が代わった。

佐賀副部長は、

「前田、元気か、頑張っているか、ご苦労さん」

などとねぎらう言葉を優しい言葉で言った後、同じ口調で、

「國井から聞いたけど、上村の所に還付したフロッピーディスクを変えたというのはほんとか」

と尋ねてきたので、

「本当です」

と答えると、佐賀副部長は、

「どういうふうに変えたんだ」

と尋ねてきたので、

「六月一日を六月八日と変えました」

と答えた。さらに、佐賀副部長が、

「そんなの変えれるのか」

と言ったが、自分が、

「変えられます」

と答えると、佐賀副部長は、

「そんなの変えられるの俺知らなかったけどなあ」

などと言った。このようなやり取りの後、自分が、

「検事を辞めなければならなくなりました、応援を解除して大阪に戻してください」

と言ったところ、佐賀副部長は、このあたりから涙声になって、

「お前、ばかな考えを起こすなよ、お前は今、東京で重要な仕事をしているのだから、それに専念してくれ、責任は俺が取る」

などと言い、

「前田には奈良医大の時に世話になった、何とか前田を守りたい、でも、これはえらい問題や、上にも相談してみないとあかん」

などと言った。その後、國井検事が一旦電話を代わって、泣きながら、

「前田さん、絶対辞めないでください、前田さんが辞めるんだったら僕も辞めます」

などと言い、最後に、もう一度佐賀副部長が電話を代わり、

「とにかくばかな考えを起こすなよ、まあ、前田なら大丈夫だと思うけどなあ」

などと、泣き笑いのようにして言った〟

5　佐賀副部長の錯乱

この一月三〇日午後一一時過ぎの佐賀副部長と前田主任検事の電話のやり取りについて、佐賀副部長は、

「この時、前田主任検事と話をしたことはない」

旨を主張している。この時佐賀副部長と一緒にいた國井検事は、前田主任検事とほぼ同内容のことを証言している。國井検事は、前田主任検事と佐賀副部長の電話でのやり取り（一月三〇日佐賀・前田電話会談）の後の状況として、次の通り供述している。

〝白井検事が、佐賀副部長に対し、

「前田さんは認めたんですか」

と尋ねたところ、佐賀副部長は、

「ああ」

と言い、さらに、

「ちくしょう」

「なんで前田はこんなことをしてしまったんだ」

などと言って、感情を爆発させ、非常に悔しそうな様子で涙をこぼしていた。

その後、佐賀副部長は、

「これから上村の弁護人に連絡を取る、彼とは知らない仲じゃない、俺に考えがある」

などと、上村被告人の弁護人に連絡を取るなどと言い出したので、白井検事が、

「何をなさるおつもりですか」

などと尋ねたところ、佐賀副部長は、

「うるさい」

「お前には関係ない」

「俺は前田と一緒にもう辞めるんだ、責任を取って辞めるんだ、最後くらいは好きにさせろ」

などと言ったので、白井検事と一緒に制止した〟


さて、ここにG検事が登場する。東京出張中のG検事は、「一月三〇日佐賀・前田電話会談」のあった同じ日の夜、佐賀副部長と電話で話したことがあるというのである(一月三〇日佐賀・G電話会談)。佐賀副部長と電話で話した時の状況について、G検事は次の供述をしている。

〝一月三〇日の夜、塚部検事から、

「佐賀副部長に本件改竄について話したが、険悪な雰囲気になった」

ことなどを伝える内容の電話を受けた。その直後頃に、佐賀副部長と電話で話したことがある〟

塚部検事は、一月三〇日の午後三時四〇分に東京出張中のG検事に電話をして、

「これから佐賀副部長に会う」

旨伝え、その後、午後七時二四分に、G検事に電話で、

「佐賀副部長に報告した」

ことを伝えている。そうすると、G検事が佐賀副部長と電話で話したのは、この日の午後七時二四分にかかってきた塚部検事からの電話を終えた直後ということになる。

G検事は、この佐賀副部長との電話で、佐賀副部長が塚部検事から直接本件改竄の事情を聞き、これに対して、「ちゃんと対応する」と話したことを聞いた旨供述している。この結果、G検事は、

「塚部検事が佐賀副部長に報告し、組織としての対応が始まるということ」

だと認識した。そこで、G検事は、

「前田主任検事を裏切ったような気になり、改竄の件について佐賀副部長に報告したことを前田主任検事に伝えるのが筋だと思い……一月三〇日のうちに、前田主任検事に会いました」

と述べている。

G検事は、同日午後八時八分に、塚部検事に対し、「今晩、前田さんの都合がつけば、今日のことを前田さんご本人にお伝えしようと思います」と携帯メールをしている。一審大阪地裁判決では

「以上を総合すれば、G検事が佐賀副部長と電話で話したのは、一月三〇日午後七時三〇分頃から

同日午後八時過ぎ頃の間と考えるのが自然である」

と結論付けしている。

佐賀副部長は、G検事からかかってきた電話で、

「國井から聞いてるぞ、フロッピーディスクのプロパティなんか変えられるのか」

「いつに変えてるんだ」

「どうやってやるんや」

と尋ねたと供述している。

そのことは、

「ところで、ちょっと耳に挟んだんやけど、上村のフロッピーが書き換えられとるっちゅう話があるんやけどな」

「そんなことできるんか」

「どうやってやるんや」

「結局どうなっとるっちゅうことや」

などと佐賀副部長に聞かれたとするG検事供述とも符合する。

一月三〇日夜の佐賀・G電話会談と佐賀・前田電話会談では、共に、前田主任検事のフロッピーディスクの改竄が話されている。ただし、佐賀・G電話会談で改竄が話されても、それは伝聞情報に過ぎず、故意による改竄を告白されたことにならないが、佐賀・前田電話会談で改竄が話されれば、佐賀副部長は前田主任検事から直接話を聞いたことになるので、前田主任検事の故意による改竄を知ら

なかったとすることはできない。

佐賀副部長は一月三〇日の塚部検事からの告白を聞いた後、國井検事や白井検事、あるいはG検事からも電話で前田検事の故意によるデータ改竄を訴えられているが、いくら彼らから前田主任検事の故意を訴えられても、それは佐賀副部長の認識において意味を成さない。なぜなら、前田主任検事以外の人の話す故意改竄情報は、自分が体験した事実ではなく伝聞証拠に過ぎないからで、伝聞証拠は刑事訴訟法上証拠能力が否定されている。

日本国憲法第三七条第二項による証拠法則として、被告人の反対尋問を経ていない伝聞証拠は排斥されなければならない。佐賀副部長とすれば、いくら塚部検事等から前田主任検事のデータ改竄を訴えられても、

「そんなことは本人に聞いてみなければ分からないじゃないか」

と言えるのである。

6　白井検事のアリバイ

佐賀副部長は、一月三〇日夜の東京発信電話の相手はG検事だったと言う。この日の夜二本の東京発信電話が國井検事の携帯電話にかかってきたことに疑いはない。佐賀副部長の主張を真実とすると、このうち一本の東京発信電話は國井検事が出て國井検事が話しただけということになる。國井検事は、この夜には二本の東京発信電話がありいずれの電話も側にいた佐賀副部長に代わったが、その通信相

手は、一本目がG検事で二本目は前田主任検事だったと供述している。

フロッピーディスクのデータ改竄に関して、國井検事は前田主任検事の証拠改竄における共犯者なので、本件犯人隠避事件において佐賀副部長や大坪特捜部長を引き込んで自分の罪状を良くしようとする動機がある。佐賀副部長は、したがって、國井検事の供述は信用できないと主張する。

そうすると、問題の東京発信電話の相手について証言できるのは、体験者の前田主任検事とG検事、並びに、見聞者の國井検事と白井検事の四名があるところ、当事者と共犯者の供述は佐賀副部長の主張において信用できないので、唯一信用できる第三者は白井検事ということになる。佐賀副部長の主張においても、白井検事だけはここで嘘をつく動機が存在しないのである。

白井検事が東京発信電話を見聞したのは、佐賀副部長執務室隣室のことで、この時この部屋では、佐賀副部長と國井検事がビールを飲んでいた。そもそもこの日、佐賀副部長は、一月三〇日土曜日の午後五時からの知人の親睦会に出席する予定だったところ、塚部検事からの電話で呼び出され、急遽親睦会をキャンセルして塚部検事の執務室に駆け付けた。塚部検事は、塚部検事の執務室で、佐賀副部長に対し、午後五時から午後七時までの二時間近く前田主任検事の故意によるフロッピーディスクのデータ改竄を告発した。

さて、塚部検事の涙の訴えをさんざん聞かされた佐賀副部長は、這う這うの体で自分の執務室に戻ったところ、そこに國井検事がやってきたので、國井検事を副部長隣室に誘ってそこで二人でビールを飲みだした。これが午後七時過ぎのことである。

一方、興奮冷めやらぬ塚部検事は、佐賀副部長が退室した後、午後七時二四分に、東京出張中のG

検事に、「改竄について佐賀副部長に報告した」旨を電話している。この塚部検事からの電話を受けてG検事が國井検事に電話したのが、佐賀副部長の主張する東京発信電話ということになる。G検事は、この電話で佐賀副部長と話した後、午後八時八分に、塚部検事に対して、「今日のことを前田さんにお伝えしようと思います」と携帯メールで報告している。したがって、佐賀・G電話会談があったのは、一月三〇日の午後七時半から午後八時までの間と考えて間違いない。

白井検事の供述によれば、白井検事が佐賀副部長隣室を訪問したのは午後九時から一〇時とのことである。そうすると、白井検事が佐賀副部長の会話を見聞したのは、どんなに早くとも午後九時あるいは一〇時以降ということになる。さて、前田主任検事は、東京拘置所での取調べが終了した一月三〇日午後一一時過ぎに國井検事に電話をしたところ、佐賀副部長がその電話に代わって出たので、ここで佐賀副部長に故意によるフロッピーディスクの改竄を告白したと供述し、國井検事の供述もこれとほぼ同様である。そして問題の白井検事は、この日の夜東京発信電話に佐賀副部長が出てフロッピーディスクの改竄の話が出たと供述するものの、その時間と内容は確かではない。

佐賀副部長が主張する対G会話は午後七時半から八時までの間のことで、白井検事が副部長隣室で東京発信電話を見聞できるのは早くとも午後九時あるいは一〇時以降のことなので、白井検事が午後七時半から八時までの間にあった佐賀・G電話を見聞することはあり得ない。白井検事が見聞したのは、午後一一時以降の佐賀・前田電話会談に違いない。佐賀副部長が「この日G検事と話したことはあるが前田主任検事と話したことはない」という主張は、白井検事のアリバイからして成立しないのである。また、前田主任検事、國井検事及び白井検事にこれだけ詳細かつ臨場感あふれる供述をされている以上、佐賀副部長の主張が裁判所に採用されることはない。

大坪特捜部長及び佐賀副部長の弁護人は、揃って、

「佐賀副部長は、一月三〇日夜、副部長隣室において、前田主任検事と電話で話したことはなく、その際前田検事が本件の改竄を告白したとする前田検事及び國井検事の供述には信用性がないので、したがって、佐賀副部長は、この時点で、本件改竄があったことを認識していない」

と主張する。

これに対して、一審大阪地裁判決は、

「前田主任検事の電話での告白を聞いた佐賀副部長において、前田主任検事が本件フロッピーディスクのデータを改竄したこと、すなわち、本件改竄を認識したと推認するのが相当であり、これに反する佐賀副部長の供述は信用することができない」

として、弁護人の主張を一蹴している。

前田主任検事の告白電話で大騒ぎとなった土曜日から一夜明けた一月三一日の日曜日、國井検事、塚部検事、白井検事およびG検事は、携帯電話による通話や携帯メールのやり取りをした。國井検事は佐賀副部長と連絡を取ろうとしたが果たせず、その旨を塚部検事と白井検事に報告した。こうして大阪地検特捜部は、二月一日月曜日の朝を迎えることになった。

第8章　証拠改竄事件

1　真実は一つだ

二〇一〇年二月一日月曜日、佐賀副部長は、午前九時一五分頃登庁すると、白井検事が副部長室の外に立っており、塚部貴子検事が来室したほか、國井検事及びH検事も来た。その後佐賀副部長は一人で大坪特捜部長室に入室したが、大坪特捜部長は午前九時五〇分頃には司法修習生の修習開始式に出かけたため、自らは副部長室に戻った。

大坪特捜部長は、修習開始式に出席した後、引き続き検事正室に移動して同日午前一一時頃までの会議に出席した後部長室に戻り、佐賀副部長を部長室に呼び出し、二人で話し合った後、國井検事と白井検事を部長室に呼びつけ、同人らも交えて部長室で話し合うなどしたが、同日午後零時から別の会議があるため、午前一一時五〇分頃、同人らとの話し合いを終えた。

このように、佐賀副部長は二月一日午前九時四〇分過ぎ頃から九時五〇分頃までの間、一人で大坪特捜部長がいる部長室に入ったことが認められるところ、佐賀副部長が部長室に入っている間に、副

部長室で待っていた白井検事、國井検事及び塚部検事は、部長室からドーンという机を叩く音が一回聞こえた後、大坪特捜部長の

「なに！」

などといった非常に大きな怒鳴り声が聞こえた旨をほぼ一致して供述している。

佐賀副部長からの報告を聞いた時の心情について、大坪特捜部長は

「そういう衝撃的な報告を受けまして、もう本当に頭をがつんと殴られるような思いがいたしました」

と述べ、佐賀副部長の報告が遅れたことに対して、

「佐賀君、何でこの報告が今日になるんだ、なぜ土日にこういう重要な問題を報告しないんだ」

と言って激しく怒った記憶がある、と述べている。佐賀副部長も、大坪特捜部長が佐賀副部長の報告に際して怒ったこと自体は認めている。

ここで村木事件の公判担当主任である白井検事は、この二月一日午前中に大坪特捜部長と話す機会があったが、その時の会話として次の供述をしている。

〝その際、大坪特捜部長に対し、

「上に上げてくれるんですよね」

と聞いたところ、大坪特捜部長が、

「まだよく分からないじゃないか。前田が大阪に戻ってきてから、もっとよく話を聞こう」

などと言うので、大坪特捜部長が問題の先送りを考えているのではないかと不信感を持ち、

「このまま黙っていたら、下の者も含めて、みんな処分されることになりますよ」

と言うと、大坪特捜部長が、

「いや、そんなことにはならん。お前たちみたいな下の人間に責任が行くはずはないんだ」

と言うので、本件改竄の件が大阪地検上層部にも上がらないような状況で、ただでさえか公判維持が難しいと考えていた村木事件の公判などやっていられないと思い、

「大体この事件何なんですか。証人テストをやったら、みんな引っくり返ってますよ。本当に大丈夫なんですか」

と特捜部の捜査を批判するようなことを言い、大坪特捜部長になだめられた後も、本件改竄について、

「私の方から上に話をすることになりますよ。そういう覚悟もしてますよ」

などと言った〟

二月一日の午後一時三〇分頃、大坪特捜部長は、会議を終えるとただちに部長室に戻り、佐賀副部長を呼びつけ、二人だけで話し合い、途中から國井検事も呼び出して話し合うこともしたが、当日は姫路市に居住する伯母方に行く予定があったので、午後三時頃までには佐賀副部長との話し合いを終えた。そして、午後三時一四分頃、伯母方に電話をして午後四時頃副部長室を訪れ、佐賀副部長に、

「この件でちょっと人と相談してくる。前田からよく聞いておいてくれ」

などと言い残した後、午後四時三〇分頃退庁した。

佐賀副部長は、この日の午後三時頃、副部長隣室で塚部検事と話し合った後、大坪特捜部長の指示に従い、午後四時二〇分頃、前田主任検事に電話をして会話を交わし、その後、大坪特捜部長に報告すべく部長室を訪れたが、すでに大坪特捜部長は退庁した後であった。この午後四時二〇分頃の前田主任検事と佐賀副部長の間の電話の内容について、前田主任検事は、次の通り供述している。

〝佐賀副部長が、

「前田の件を部長に上げた。部長も大変驚いておられる。前田の件を次席・検事正に上げることになった。前田、この件は過誤ということで説明を付けられないのか」

などと言うので、佐賀副部長が本件改竄の事実を大坪特捜部長に報告した上で、大坪特捜部長と佐賀副部長の両名において、過誤で説明が付く話であれば、何とかその説明で私を守ろうとしてくれているのだと思った。

そこで、自分は、プロパティの報告書(本件捜査報告書)があること、改竄したフロッピーディスクを持ち主である上村係長に還付していることという、故意の改竄ではないことを根拠づける二つの事実(本件過誤説明根拠)を考え、佐賀副部長の問いかけに対し、

「それは、説明づけられますけど」

と答えた。そして、本件フロッピーディスクのコピーを見ていて、確認検証しているときに、間違えて本件フロッピーディスクの現物のデータを変えた可能性があるという虚偽の過誤説明(本

件虚偽過誤説明〉を考え、それを佐賀副部長に伝えたところ、佐賀副部長は、

「分かった、それで行こう、それが真実だ、真実は一つだ」

と言った〟

2　ミステイクということで行く

すでに前田主任検事の証拠隠滅の事実は確定している。佐賀副部長が、一月三〇日深夜の段階で、前田主任検事の故意によるデータ改竄を認識したことは関係者の供述により合理的疑いの余地がない。そうすると次に問題になるのは、大坪特捜部長が、佐賀副部長同様に、前田主任検事の故意改竄を認識していたかどうかである。

さて、一月三〇日午後五時から二月二日の午後五時までにおいて、前田主任検事は大坪特捜部長と接触をしていない。大阪地検特捜部の國井検事、塚部検事、白井検事の中で、前田主任検事の故意改竄を大坪特捜部長に直訴した人は誰もいない。この人たちは、佐賀副部長には前田主任検事の故意改竄を訴えるくせに、大坪特捜部長の前に出ると何も言えないのである。大坪特捜部長が、大阪地検特捜部内において、全検事の生殺与奪権を一手に握る絶対権力として君臨していたことが分かる。

大坪特捜部長は、翌二月二日火曜日の午前九時過ぎに登庁し、同日九時二〇分頃、部長室に来た佐賀副部長から前日の前田主任検事との電話内容に関する報告を受け、その後、國井検事を部長室に呼びつけ、國井検事も交えて話し合ったが、その話し合いの中で、佐賀副部長に対し前田主任検事から

追加聞き取りをするように指示した後、同日午前一〇時五一分、妻に対し、

「前田の件なんとか切り抜けれそうだ」

との携帯メールを送信した。この日の状況について、國井検事は次の通り供述している。


〝二月二日登庁した後、大坪特捜部長から指示されて部長室に行くと、大坪特捜部長と佐賀副部長がいたが、大坪特捜部長は、二月一日の狼狽していた状況とは変わって、非常に落ち着いていた。

大坪特捜部長は、

「いいか國井君、これから話すことはもみ消しじゃないぞ、危機管理だからな」

「今回の件は前田君のミステイクということで行くから」

と言った。その上で、大坪特捜部長が、

「どうだ國井君、ミステイクということで行けるか」

と聞いてきたが、これは、本件改竄を過失あるいは不注意による改変行為にすり替えた場合、他の事実と矛盾を来すようなことはないかという趣旨の質問だと思い、

「前田さんに聞いてみないと分かりません」

と答えた。これに対し、大坪特捜部長は、

「これから佐賀君が前田君とちょっと話をする。だから、君は東京にいる前田君に連絡を取って、佐賀君に連絡をするように言ってくれ」

などと言った後、

「君は僕に改竄行為を言わなかった。知っていたのに、それを隠していた。言わなかったという責任がある。塚部にも話した責任があるんだ。だから、僕の指示に従え」

などと言ったので、返す言葉もなく、

「分かりました」

と答え、過失あるいは不注意による改変行為にすり替えるという大坪特捜部長の方針に従うことにした〟

さて、佐賀副部長は、この日の午後零時頃、前田主任検事に電話して会話を交わした後、午後一時頃、部長室に行き、前田主任検事から聴取した内容等を大坪特捜部長に報告したところ、大坪特捜部長と佐賀副部長は、この時点で玉井英章大阪地検次席検事に報告を上げることにし、その説明方法について協議したが、その協議には途中から國井検事も加わった。

一審大阪地裁は、この二月二日の午前九時二〇分頃、部長室で、佐賀副部長が大坪特捜部長に二月一日に前田主任検事が考案した虚偽過誤説明を報告し、その報告を受けて、大坪特捜部長が本件フロッピーディスクの改竄を過誤にすり替えて隠蔽することを決意し、佐賀副部長と共謀したものとして次の通り認定した。

〝大坪特捜部長は、本件過誤説明根拠の存在と本件虚偽過誤説明の内容を聞いて、それに沿った報告を大阪地検上層部にすることで、本件改竄を隠蔽できる成算ができたことから、本件改竄を本件虚偽過誤説明によって過誤による改変にすり替えて隠蔽することを決意（中略）したと認めるのが相当である。

佐賀副部長も、二月二日午前九時二〇分頃、部長室で大坪特捜部長と話し合った結果、自らも本件改竄を本件虚偽過誤説明によって過誤にすり替えて隠蔽することに加担することを決意し、大坪特捜部長とその意思を共有したと認めるのが相当である〟

大坪特捜部長は、同日夕方頃、改めて佐賀副部長及び國井検事と打ち合わせをした後、午後五時頃、次席室に行き、玉井大阪地検次席検事に本件データに関する報告をしてその了承を得たが、その際、本件改竄があったことに言及することはなかった。

大坪特捜部長は、二月三日午前一一時頃、佐賀副部長及び國井検事と共に検事正室に行き、小林敬大阪地検検事正に本件データに関する報告をしてその了承を得たが、その際も、本件改竄があったことに言及することはなかった。

3　普通の人と思ってはいけない

一審大阪地裁判決は、次の点を根拠として、大坪特捜部長の故意を認定している。

・佐賀副部長と大坪特捜部長の関係上、佐賀副部長がこの時前田主任検事の故意によるデータ改竄を報告したと考えるのが合理的であること
・大坪特捜部長室からドーンという机を叩く音と大坪特捜部長の「なに！」などといった非常に大きな怒鳴り声が聞こえたこと
・佐賀副部長が大坪特捜部長室に入室する前、「今回の件はこちらでやるから、これで終わりにするから、これ以上騒ぎ立てるなよ」と言っていること
・大坪特捜部長室から帰ってきた佐賀副部長が、「僕の方から説明、報告をしておくので、一旦みんな戻ってくれ、ただし、部外者には口外しないでくれ」と言ったこと

問題は、二月一日月曜日の午前九時四〇分から九時五〇分までの一〇分間の特捜部長室で大坪特捜部長と佐賀副部長の間で何が話し合われたかであり、この会話を聞いた人は当事者以外誰もいない。佐賀副部長は、この時、大坪特捜部長に前田主任検事から本件改竄の告白を受けた旨の報告などしていないと供述し、大坪特捜部長も、佐賀副部長から前田主任検事による本件改竄の告白を受けた旨の報告など受けていないと主張している。

判決は、大坪特捜部長室からドーンという机を叩く音と大坪特捜部長の大きな怒鳴り声が聞こえたことをもって、大坪特捜部長がただごとならざる報告に対して激怒したと推定している。ここで佐賀副部長の報告が前田主任検事の過誤による改変であれば、何も机を叩いたり怒鳴り声を上げたりするほどのことでもないので、この時の佐賀副部長の報告は前田主任検事の故意による改竄だったに違い

ないというのである。この推定は、大坪特捜部長の人間性を誤解している。

この時、佐賀副部長が「前田主任検事の過失によるフロッピーディスクのデータ改変」を報告したのであれば、大事な証拠物の取扱に過失のある前田主任検事は強い叱責に値するが、だからといってそれは前田主任検事の過失で、なにも佐賀副部長が悪いわけではない。こんなものは、

「あいつもバカだな。あとで前田をきつく叱っておかんとあかんな」

とでも言っておけば済むような話であろう。これが普通の人であれば、隣の部屋に響くほどの音で机をドンと叩いてみたり、隣の部屋に聞こえるほどの声で
「なに！」

などと怒鳴ったりはしない。しかし、大坪特捜部長は普通の人ではない。

大坪特捜部長は、特捜部長に上りつめる過程において、机を叩くわ、怒鳴りまくるわの威嚇行為で、多くの被疑者から大量の自白調書を取って刑務所に叩き込んできた人なのである。この人にとって、机を叩いたり怒鳴り声を上げたりするのは、自らの意に沿わない事象が出現したときに自然反射的に出る行動で、別に取り立てて騒ぐほどの特異な行為ではない。大坪特捜部長室からドーンという机を叩く音と大坪特捜部長の「なに！」などといった非常に大きな怒鳴り声が聞こえたことは、佐賀副部長が前田主任検事の故意による改竄を報告したとする状況証拠にはならない。

一審大阪地裁は、佐賀副部長と大坪特捜部長の関係上、佐賀副部長がこの時前田主任検事の故意によるデータ改竄を報告したと考えるのが合理的と言うのであるが、この認定も間違っている。これが普通の組織であれば、副部長は部長に部内の不祥事を報告するに何の躊躇もないが、検察庁特捜部と

いう組織ではこの常識は通用しない。

大坪特捜部長の著作『勾留百二十日』には、大坪特捜部長がどのような姿勢で職務を遂行していたかを示す次の記述があり、この姿勢は特捜検察の思想そのものを表している。

〝この間、私は一つでも多くの独自事件を発掘し、社会的不正を摘発することが検察の正義の実現であり、社会秩序と巨悪を眠らせないという国民の負託に貢献するものだと信じ、その一心で検察権力を行使してきた。私の手で自ら逮捕状を執行し、政治家、会社役員、会社経営者など数多くの容疑者を逮捕したし、特捜部長・特刑部長として、高い地位にある多くの人々を部下を指導して逮捕させた。私は逮捕権を含む検察権の行使が国民の負託に応えるものと信じていたが、いつしかその原点の気持ちから徐々に離れ、検察権の行使という恐ろしい魔物にとりつかれていたのかも知れない〟(『勾留百二十日』八二頁)

また、同書では、最高検による「いわゆる厚労省元局長無罪事件における捜査・公判活動の問題点等について」と題する報告書(二〇一〇年一二月)において、大坪特捜部長に対する次の指摘があることを記載している。

- 大坪弘道特捜部長は、本件の捜査処理で捜査会議を開くこともなく、佐賀元明副部長には実質的な関与をさせず前田検事から直接報告を受けていた。

・前田検事は大坪部長から「何とか村木さんまでやりたい」「これが君に与えられたミッションだ」などと言われ村木さんの検挙が最低限の使命であり、必ず達成しなければならないと感じていた。
・大坪部長は特捜部の検事が消極意見を述べるのを好まず「特捜部から出ていってもらう」などと叱責を加えることもあり、意向に沿わない意見を述べにくくしていた。
・フロッピーディスク問題が大坪部長らに(前田検事から)報告されなかったのは、当時の大阪地検特捜部の運営のあり方が要因になっていた。
・前田検事は村木さんの公判の紛糾や上司からの叱責を避けるため、上村元係長にフロッピーディスクを還付して証拠開示の対象からはずそうとしたと考えられる。(『勾留百二十日』一九八頁)

特捜検察は、「一つでも多くの独自事件を発掘し、社会的不正を摘発することが検察の正義の実現であり、社会秩序と巨悪を眠らせないという国民の負託に貢献する」とする使命感を一身に背負う組織である。その強烈な使命感の下で、大坪特捜部長は、特捜部の検事が消極意見を述べるのを好まず、そのような場合には、「特捜部から出ていってもらう」などと叱責を加えることもあった。そして、このような大坪特捜部長の姿勢が、特捜部の中で、「意向に沿わない意見を述べにくくしていた」というのである。しかも、こんなことを、あの悲壮感あふれる愛嬌のない顔で言うのだから、大坪特捜部長はさぞや怖い人だったに違いない。

常日頃、特捜部の検事が消極意見を述べるのを好まず、消極意見を言う検事には「特捜部から出ていってもらう」などと叱責を加える大坪特捜部長に対し、

「お前、ばかな考えを起こすなよ、お前は今、東京で重要な仕事をしているのだから、それに専念してくれ、責任は俺が取る」

などと前田主任検事に言っては涙を流すような佐賀副部長が、故意によるデータ改竄などという恐ろしい真実をありのままに報告できるはずがない。

佐賀副部長と大坪特捜部長の普通あるべき関係は、「佐賀副部長がこの時前田主任検事の故意によるデータ改竄を報告した」と推定する合理的理由にはならない。

4　大坪特捜部長の有罪

一審大阪地裁判決は、佐賀副部長が大坪特捜部長室に入室する前、「今回の件はこちらでやるから、これで終わりにするから、これ以上騒ぎ立てるなよ」と言っていることや、大坪特捜部長室から帰ってきた佐賀副部長が、「僕の方から説明、報告をしておくので、一旦みんな戻ってくれ、ただし、部外者には口外しないでくれ」と言ったことをもって佐賀副部長の口止め工作とし、口止め工作をするくらいだから、大坪特捜部長に故意改竄を報告してその逆鱗に触れたに違いないと推定する。

しかし、佐賀副部長が大坪特捜部長に本件改竄を過失として報告したとしても、すでにこのことで塚部検事らが騒いでいるのは公判対策上まことに都合が悪いのだから、口止めをするのはおかしな話ではない。佐賀副部長の口止め工作は、大坪特捜部長が故意改竄を認識した証拠にはならない。

大坪特捜部長は、前田主任検事によるフロッピーディスク改変発覚による大騒動が終結した三月二六日、佐賀副部長と検察庁内の期末面談をした。ところで、佐賀副部長は、十数年前から検察協会配布の執務記録と題するノートを自分の執務室に置き、在庁中の時間、予定、詳細な記録、雑感等を記載していた。

この執務記録の二〇一〇年三月二六日の欄には、この期末面談において、大坪特捜部長から、

「よく評価しておきました」

「フロッピー問題は最大の危機だった」

「よく乗り越えてくれた」

「他の副部長ではダメだっただろう」

と言われた旨の記載がある。一審大阪地裁判決は、期末面談における佐賀副部長の執務記録もまた、大坪特捜部長の故意改竄認識の補強証拠としている。

しかし、大坪特捜部長が過失改変と認識していたとしても、それでも「フロッピー問題は最大の危機だった」ことには変わりなく、それを大坪特捜部長が「よく乗り越えてくれた」と感じるのは自然なことであろう。また、こんな大坪特捜部長の下で部下の検事たちをまとめるのは余人ではできず、「他の副部長ではダメだった」に違いないので、大坪特捜部長が佐賀副部長を「よく評価しておきました」と言うのもおかしな話ではない。期末面談における佐賀副部長の執務記録は大坪特捜部長が故意改竄を認識した証拠にならない。

その後、フロッピーディスクの改竄が朝日新聞のスクープでばれた後の九月二一日午後八時四五分頃、前田主任検事は証拠隠滅の被疑事実で逮捕されるのであるが、この逮捕直前、前田主任検事は、

國井検事と電話で、あるいは直接会って会話を交わしたほか、大坪特捜部長、佐賀副部長、國井検事との間で電話によるやり取りを行っている。

大坪特捜部長は、九月二〇日に本件改竄に関して前田主任検事に対する調査が開始された後も、國井検事に対し、

「『実は』はなしだぞ」

などと言い、前田主任検事に対しても、

「故意か過誤か知っているのは君だけだ」

「最後まで頑張れ」

などと言って、事情を知る者に対して口止めをしている。また、佐賀副部長も、九月二一日に前田主任検事に電話をして、

「とにかく、あれで行くから、あれが真実だ、真実は一つだから」

などと言って口止めをしている。

一審大阪地裁判決は、前田主任検事逮捕直前の大坪特捜部長と佐賀副部長の言動を前田主任検事に対する口止めと見做し、これまた、大坪特捜部長の故意改竄認識の補強証拠としている。

ここで大坪特捜部長が、國井検事に対し、「『実は』はなしだぞ」と言ったとしても、大坪特捜部長は、國井検事から一貫して過失改変という説明を聞き続けてきたという主張なのだから、前田主任検事の逮捕が迫る中で、國井検事に
「最高検の威圧に負けて、『実は……』などと言って嘘の供述はするな。『実は……』はなしだぞ」

と言ったとしても何ら不思議なことではない。

また、大坪特捜部長が、前田主任検事に
「故意か過誤か知っているのは君だけだ」

というのもその通りのことを言っただけのことで、

「最後まで頑張れ」

というのは、無実の被疑者を励ますための普通の言葉に過ぎない。

佐賀副部長が、

「とにかく、あれで行くから、あれが真実だ、真実は一つだから」

と前田主任検事に言ったというのも、この人はもともと
「真実は一つ」

と言うのが好きなだけで、ここでの
「あれ」

が特定されていない以上、

「あの真実をしっかり供述するように」

という意味に解釈することもできる。

要するに、前田主任検事逮捕直前の大坪特捜部長と佐賀副部長の言動もまた、前田主任検事に対する口止め工作とは言えず、これを大坪特捜部長の故意改竄認識の補強証拠とすることはできない。

一審大阪地裁判決は、前田主任検事の供述により佐賀副部長の故意改竄の認識を認定し、続いて、

状況証拠に基づいて佐賀副部長が大坪特捜部長に前田主任検事の故意改竄を報告したと認定し、ここで大坪特捜部長の故意改竄の認識を認定することにより、大坪特捜部長と佐賀副部長の両名に犯人蔵匿罪の故意を認定して有罪判決を下した。

一審大阪地裁判決は状況証拠を積み上げて大坪特捜部長の故意改竄の認識を認定するのであるが、私は、國井検事の証言こそ大坪特捜部長の有罪を決定づけていると思う。判決文で縷々挙げられている状況証拠など國井証言の補強証拠に過ぎない。國井検事は、大坪特捜部長が本件虚偽過誤説明を決意した二月二日の特捜部長室での大坪特捜部長とのやり取りを次の通り証言している。

〝「君は僕に改竄行為を言わなかった。知っていたのに、それを隠していた。言わなかったという責任がある。塚部にも話した責任があるんだ。だから、僕の指示に従え」

などと言ったので、返す言葉もなく、

「分かりました」

と答え、過失あるいは不注意による改変行為にすり替えるという大坪特捜部長の方針に従うことにした〟

ここで、大坪特捜部長は、

「(今まで)君は僕に(前田主任検事の)改竄行為を言わなかった。(君は前田主任検事から故意改竄を告白され)知っていたのに、それを隠していた」

と言ったことになっている。ならば、大坪特捜部長は、この発言のあった二〇一〇年二月二日あるいはそれ以前に、國井検事から前田主任検事のフロッピーディスク改竄を告白されて、前田主任検事の故意改竄をずっしりと認識したことになる。でなければ、この会話は、

「(だから)言わなかったという責任がある」

という責任転嫁部分につながらない。

一方、大坪特捜部長は、著書の中で、

〝だが、逮捕されたから分かったことであるが、平成二十一年七月頃、國井は前田からフロッピーディスクのデータを改竄したことを打ち明けられていた。彼はそのことを私に一切報告しなかったばかりか、前田の説明を受けてフロッピーディスクデータ改変は前田の取扱上のミスによるものとした私や佐賀副部長の判断認識に沿う説明ばかりをしていた。今から思えば二枚舌を使っていたのだが、私は彼を完全に信じ切っていた〟(『勾留百二十日』二七頁)

と書いている。

大坪特捜部長は、國井検事からフロッピーディスクの改竄のことなど一切報告を受けたことがなく、前田主任検事の故意改竄が分かったのは、前田主任検事が証拠隠滅罪で捕まった後自分が逮捕勾留されてからのことと書いている。しかし、自分が逮捕勾留されたことと、國井検事が二枚舌を使っていたこととの間には、何らの因果関係もない。

人間にはどんな境遇に堕ちても生きていこうとする本能がある。この時の大坪特捜部長の境遇に思いを馳せれば、大坪特捜部長がここで、

「二〇一〇年二月二日頃に國井検事の告白により前田主任検事の故意改竄を認識するに至った」

などという記憶を呼び起こしてしまうと、大坪特捜部長は、長期勾留の中で一日たりとも生きていくことができない。

「だが、逮捕されたから分かったことであるが」

というのは、人間の本能が生存の障害となる記憶を抹消する自然な脳内生理現象によると考えるべきであろう。

國井検事は、厚労省村木事件初公判までは、「そのことを私に一切報告しなかった」かもしれないが、二〇一〇年二月二日頃に「そのこと」を大坪特捜部長にはっきり言って、大坪特捜部長もここで前田主任検事の故意改竄の事実をしっかりと認識した。大坪特捜部長は、もちろん國井証言の信用性を否定するのであるが、この期に及んで國井検事が大坪特捜部長を貶める嘘を証言する動機は特段認められない。

5　変わりゆく世論

二〇一〇年一〇月一日深夜、大坪弘道大阪地検特捜部長と佐賀元明大阪地検特捜副部長が逮捕され、特捜神話のパンドラの箱が開いた。日本社会は蜂の巣をつついたような大騒ぎとなったが、もともと

前代未聞のこの事件の発端は、同年九月一〇日の村木厚子厚生労働省元局長の無罪判決にあった。

この衝撃的な無罪判決直後のマスコミ論調は、特捜検察の冤罪構造こそを問題とし、そこでの問題意識は、

「特捜検察が事件のストーリーを書いてはそのストーリーに沿った供述を無理強いし、裁判所もその供述証拠を無批判に証拠採用して有罪判決を書いているのではないか」

という、至極もっともな社会の疑問だったのである。

ところが、そのさなかの九月二一日、朝日新聞朝刊で、前田恒彦主任検事のフロッピーディスクのデータ改竄が暴露されたのだからたまらない。特捜検察は、特捜ストーリーに沿った供述を無理強いしているどころか、特捜ストーリーに合わせて証拠物の改竄までやっていたというのである。前田主任検事が逮捕された後のマスコミ報道はフロッピーディスクの改竄疑惑一色になってしまった。

前田主任検事は九月二一日深夜に逮捕されたが、逮捕以降のマスコミ報道は、フロッピーディスク改竄の事実を上司のどこまでが知っていたかが問題とされ、「意図的に改竄したと報告した」とか、「そんな話は聞いてない」などといった不毛なやり取りが連日のように新聞紙上を賑わすことになった。事件は一不良検察官の犯罪行為の共犯者捜査に矮小化され、いつの間にか特捜検察の冤罪構造などどこかに吹き飛んでしまった。

九月一〇日の村木厚労省元局長の無罪判決から、九月二一日深夜の前田主任検事の逮捕を経て、一〇月一日深夜の大坪特捜部長と佐賀副部長の逮捕に至るまでの二一日間において、特捜検察に対する社会の問題意識は、「特捜検察の冤罪構造」から「大阪地検の不祥事」へと大きく転換することとな

った。この国民世論の大転換は、時の最高検にとってあまりにも都合がよすぎる。

ここで逮捕・起訴された大坪特捜部長と佐賀副部長は、二〇一二年三月三〇日、共に一審大阪地裁で懲役一年六カ月執行猶予三年の有罪判決を言い渡された。両被告人は有罪判決を不服として控訴したものの、二〇一三年九月二五日、大阪高等裁判所は両被告人の控訴を棄却した。大阪高裁の控訴棄却判決を受けて、大坪特捜部長は弁護団を引き連れて記者会見に臨み、「結論ありきの不当判決」として、大阪高裁及び最高検を厳しく論難している。その後、大坪特捜部長と佐賀副部長は、最高裁において高裁判決が覆る根拠がないとして上告を断念し、これにて高裁判決が確定している。

大坪特捜部長とその弁護団は、大坪特捜部長を有罪とする判決を「結論ありきの不当判決」だと憤慨するが、大阪地裁と大阪高裁の判決は、もちろん有罪ありきの判決に決まっている。現職時代の大坪特捜部長は、特捜検察が起訴した以上何が何でも有罪判決を取るべく、裁判所に有罪ありきの判決を強く迫ってきた。それが一転、自分が被告人になると、裁判所の有罪ありきの判決を非難するというのは、なんとも皮肉な歴史の巡り合わせというしかない。

ここで最高検は、社会の強烈な検察批判の幕引きをすべく、全検察組織を挙げて大坪特捜部長と佐賀副部長を起訴したのである。大阪地裁及び大阪高裁のそれぞれ裁判長、右陪席判事、左陪席判事のたかだか六名の裁判官が、最高検の強い意志を向こうに回した無罪判決など書けるわけがない。

先に、二〇一〇年九月一〇日から一〇月一日にかけて、世論が「特捜検察の冤罪構造」から「大阪地検の不祥事」へと変わったことを指摘したが、その世論の変化が、最高検を中心とする検察庁上層部の強い危機意識を反映したものであることは紛れもない。検察庁は、村木厚労省元局長の無罪判決や前田主任検事の証拠改竄事件の結果、いつまでも「特捜検察の冤罪構造」が問題とされるのが実に困るのである。

検察の大看板である特捜検察を守るためには、「事件をなんとしても大阪地検という地域限定のものにしたい……。さらに検察庁や特捜部といった組織の問題ではなく、前田主任検事及びその限定された上司の個人的資質の問題としたい……」

こうして前田主任検事及び大坪特捜部長と佐賀副部長の逮捕方針は早々と決定され、事件の幕引きが図られたと考えるべきであろう。

6　小林検事正の二律背反

朝日新聞は、二〇一〇年九月二一日の朝刊でフロッピーディスク改竄疑惑を報道したが、その日の夜のうちに、前田主任検事は大阪地検で逮捕された。このわずか半日余りの逮捕劇において、小林検事正の行動は手際が良すぎる。

そもそも問題のフロッピーディスクは、厚労省村木元局長の無罪判決五日後の九月一五日になって朝日新聞社が弁護人より借り出して、大手セキュリティー会社に鑑定に出した。改竄の可能性が高いとの鑑定結果が出たのが九月一九日の日曜日のことである。小林検事正は、この日の夜、記者から本件データの日付が「六月一日」から「六月八日」に変更されていると聞いた。

そこで小林検事正は、翌九月二〇日(敬老の日)、前田主任検事に問いただしたところ、前田主任検事から、「過誤により本件データを変えた可能性がある」旨の報告を聞いた。小林検事正は、引き続き國井検事の執務室に行き、その場にいた國井検事及び塚部検事にも事情を聞いた。前田主任検事は、この期に及んでぬけぬけと、「過誤によるデータ改変」とする説明書を作成して提出することとなった。この説明は、同年二月三日の虚偽過誤説明と同じで、あの時小林検事正は、大坪特捜部長から「過誤によるデータ改変」とする報告を聞きこれを了承している。

この時、國井検事は、小林検事正に、

①上村係長の逮捕時に押収されたフロッピーディスクのブツ読みをしていた時に、フロッピーディスクのデータと検察側ストーリーによる虚偽公文書作成日が食い違うことを発見し、そのことを前田主任検事に報告した、

②しかし、前田主任検事は、この決定的な矛盾を解消することなく、村木元課長と上村係長の起訴を推進し、自分も敢えてそれに異を唱えることはやらなかった、

③村木元課長と上村係長の起訴後になって、前田主任検事からフロッピーディスクのデータを検察側ストーリーに合わせるべく改竄した旨の告白を受けたが、自分はそれを誰に言うこともなく、自分の胸の中にしまい込んだ、

などという本当のことを自白したはずである。

九月一九日の夜、懇意の朝日新聞記者からフロッピーディスクの改竄を聞いて小林検事正は眠れな

かったであろう。想起すれば、この年の一月二七日に、厚労省村木裁判の初回公判で弘中弁護団の弁護側冒頭陳述があり、大阪地検は上を下への大騒ぎとなった。この時は前田主任検事の過誤による改変ということで検察庁内処理として事なきを得たが、今日の朝日新聞の話では、フロッピーディスクの改竄は第三者の鑑定で明らかとされ社会の知るところとなった。小林検事正は、もはや「過誤によるデータ改変」は通用しないと覚悟したであろう。

もとより、本件過誤説明は、フロッピーディスク中の原データを自分のパソコンのハードディスクにコピーし、原データの

「一ページ目と二ページ目を入れ替えて、一旦、上書保存したが、それでは最終更新日時が本件改竄の日付になるので、もう一度、それを平成一六年の六月八日に変更した」

というものである。ここで原データを自分のパソコンにコピーしたのは、「フロッピーディスクのデータをそのまま検証すると、それが書き換わってしまうようなミスが生じかねない」からである。

本件フロッピーディスクの操作人は、フロッピーディスクの原データを書き換えるのは証拠改竄となることを知っているからこそ、手間暇をかけて原データをコピーして、そのコピー上でデータの検証を行おうとした。ところが、この操作人は、これだけ慎重な注意をもって原データを扱おうとしたにもかかわらず、結果として、誤って原データを改変したと言うのである。

原データを弄らないようにしているにもかかわらず原データを弄ってしまったのは、コピーの際に原データを上書保存したからで、なぜ上書保存したかというと、原データの一ページ目と二ページ目を入れ替えたからである。ここで原データは、一ページ目が本件公文書、二ページ目がファックス文

書と、実際の作成時系列とは逆順になっている。操作人はその不自然さを嫌い、一ページ目と二ページ目を入れ替えたのである。このことから我々は、「詐欺師は細部にわたる本当らしさに異常な執着を見せる」という犯罪学の一般原則を確認することができる。

単に原データをコピーするだけならば原データが変更されることはないので、上書保存などする必要はない。すなわち、本件原データのページ入れ替えがある以上、操作人が原データを過失により書き換えたとすることはできない。

それを、前田主任検事は、漫然と半年間も改変の可能性に気づくこともなく、弁護側冒頭陳述で指摘を受けて、やおら、

「そういえば、誤って、フロッピーディスクの原データを改変してしまったかもしれない」

などと気が付いたというのである。本件過誤説明は一見もっともらしく聞こえるものの、これを細部にわたり厳格に検証すれば、その論理的整合性が自己破綻してしまうような際物《キワモノ》に過ぎない。こんなことを悶々と考えながら、小林検事正は、朝日新聞の報道のある九月二一日のうちに、何としても自分の手で前田主任検事を逮捕しなければならないと思ったに違いない。

7　逮捕と行政処分の境目

小林検事正は、ここで前田主任検事の逮捕を覚悟したであろうが、そこで心配なのは自分の逮捕の可能性である。事件は大阪地検特捜部の中で起きた。自分はその大阪地検の最高責任者で、しかも、

証拠改竄事件処分一覧

氏名	事件時の役職	処分	処分後
前田恒彦	大阪地検検事	懲戒免職	
大坪弘道	大阪地検特捜部長	懲戒免職	
佐賀元明	大阪地検特捜副部長	懲戒免職	
玉井英章	大阪地検次席検事	減給６カ月	依頼退官
小林敬	大阪地検検事正	減給４カ月	依頼退官
三浦正晴	大阪地検検事正	減給１カ月	依頼退官
國井弘樹	大阪地検検事	減給１カ月	
太田茂	大阪高検次席検事	戒告	
伊藤鉄男	次長検事	訓告	
大林宏	検事総長	大臣口頭注意	辞任

問題のフロッピーディスク問題は、自分自身がこの年の二月三日に過誤による改変ということで決裁している。どう考えても自分の責任は免れない。

ここで小林検事正は二律背反の立場にいる。なぜなら、小林検事正は、このフロッピーディスク改竄問題について、自分自身が被疑者でありながら、大阪地検の検事正としてこれを摘発する立場にもある。被疑者と摘発者の両方を兼ねているのである。ここで小林検事正が逮捕を回避するためには、この際、摘発側としての旗幟を鮮明にして、自ら積極的に被疑者の逮捕に乗り出すのが一番いい。「疑われたら人を指さす」というのは、古来言い伝えられている犯罪学の常道なのである。

この場合、小林検事正とすれば、謹慎の立場に身を置き最高検の判断を待つというのが本来あるべき姿勢であろうが、判断を待つといっても、そのためには最高検による調査を待たなくてはならない。そして最高検の調査が始まってしまえば、小林検事正は思いっきり被疑者となってしまう。

ということは、被疑者であろうが何だろうが、ここで自分が積極的に事件の落としどころの絵を描けば、そのシナリオ通りにことが運んでいく可能性が高い。前田主任検事と大坪特捜部長並びに佐賀副部長の逮捕による本件の幕引きは、小林検事正の眠れぬ夜にそのシナリオが描かれていったことであろう。

ここで大坪特捜部長と佐賀副部長にかけられた容疑は、

「部下である前田主任検事の証拠改竄の事実を認識しながら、上司には過失による証拠改変の可能性などと虚偽の報告を行うなどして捜査を行わないようにさせて、証拠隠滅罪の犯人である前田主任検事を隠避させた」

というものである。一審大阪地裁判決は、佐賀副部長については、前田主任検事からフロッピーディスクのデータを故意で改竄したとの告白を受けていたと認定し、続いて大坪特捜部長については、佐賀副部長から前田主任検事の故意による改竄の報告を受けていたに違いないと認定した。

ならば、玉井英章次席検事と小林敬検事正も、大坪特捜部長から故意による改竄の報告を受けていたに違いない。大坪特捜部長と玉井次席検事あるいは小林検事正の関係は、佐賀副部長と大坪特捜部長の関係と変わることがない。

この事件の犯罪構成要件からすれば、小林検事正と玉井次席検事の罪状は、大坪特捜部長や佐賀副部長と何ら変わらない。結果的に、本件犯人蔵匿罪では、大坪特捜部長と佐賀副部長だけが逮捕され、両名は有罪判決を受けることとなった。本件では、事件に関与した検察官に対して国家公務員としての懲戒処分が下されたが、逮捕有罪と懲戒処分では天と地ほどの違いがある。その逮捕と懲戒処分の境界線は、佐賀副部長と玉井次席検事の間(右頁表太線)に引かれることになった。

8　小林検事正の悪夢

大坪特捜部長がフロッピーディスク問題を認識したのは小林検事正がそもそものきっかけとなっている。小林検事正は、厚労省村木事件の弁護側冒頭陳述がマスコミで報道されたのを見て、大坪特捜部長にフロッピーディスク問題を指摘したのである。ならば、この時の小林検事正の指摘は、「検察側主張は捜査報告書と矛盾すると報道されているが、公判は大丈夫か」というものでなければならない。

この時、フロッピーディスクの改竄は、(國井検事は知っていたものの)大阪地検特捜部としてはまだ表面化していない。フロッピーディスクの改竄問題が表面化するのは、一月二七日の村木事件初回公判弁護側冒頭陳述を聞いた國井検事が、フロッピーディスクの改竄が弁護人により発覚することの不安に耐えられなくなって、そのことを公判部の塚部検事らに告白したからである。この告白は、あっという間に塚部検事、白井検事、G検事、H検事に拡散した。

この時の大阪地検には二つの問題がある。一つ目が、「捜査報告書と検察側主張の矛盾」問題で、こちらについては、小林検事正が大坪特捜部長に指摘したので、大坪特捜部長はしかるべく調査の後、小林検事正にその結果を報告しなければならない。そして二つ目が、前田主任検事の「フロッピーディスク改竄」問題で、こちらについては、この段階では小林検事正は何も知らない。

フロッピーディスク改竄問題の方は、一月三〇日に塚部検事が大騒ぎをして佐賀副部長の認識するところとなり、二月一日朝一番に、佐賀副部長が大坪特捜部長に報告したところ大坪特捜部長の逆鱗に触れ、この日の午後に虚偽過誤説明が考案された。これが二月二日朝、大坪特捜部長のお気に召したので、そこで大坪特捜部長は、二月二日の夕刻、これを玉井次席検事に報告し、続いて二月三日午前、小林検事正に報告してその了承を得た。

一方、一月二七日に小林検事正が指摘した「捜査報告書と検察側主張の矛盾」問題は、一週間後の二月三日になって、大坪特捜部長から「フロッピーディスク改変問題」として報告され、小林検事正はこれを特段の異論なくすんなりと了承したというのである。こんなふざけたことがありうるものであろうか? 大坪特捜部長は、小林検事正から下問された「捜査報告書と検察側主張の矛盾」問題に回答することなく、聞かれてもいない「フロッピーディスク改変」問題を報告したというのである。

仮に、大坪特捜部長が、「捜査報告書と検察側主張の矛盾」問題の報告をせずに、聞かれてもいない「フロッピーディスクの改変」問題を報告したとすれば、小林検事正は、

「君、フロッピーディスクは分かったが、例の捜査報告書と検察側主張の矛盾の方は大丈夫か?」

と聞かなければおかしい。

そもそも「捜査報告書と検察側主張の矛盾」問題を言い出したのは小林検事正なのだから、ここで大坪特捜部長が、

「フロッピーディスクのデータが前田主任検事の過誤により改変された可能性がありますが、このデータは捜査報告書で証拠提出されていますので、公判維持上は問題ありません」

などと言ったのであれば、小林検事正としては、

「何を眠たいことを言っているのだ！　弁護側は、捜査報告書の日付だと上村が村木さんと共謀することはあり得ないと主張しているんだぞ。そんな中でフロッピーディスクのデータを変えたのなら、前田は意図的にやったに決まっているじゃないか！　君たちは俺の名前で無実の人を起訴したんだぞ！」

くらいのことを言わなければおかしい。ただし、これが真相だとすれば、小林検事正もまた犯人蔵匿罪ということになる。

いずれにしても、二月三日に、大坪特捜部長がフロッピーディスクの改竄を過誤として報告して、小林検事正がこれをすんなり了承したというのは不自然で、これをそのまま信じることはできない。朝日新聞からフロッピーディスクの改竄を聞いた九月一九日の夜、小林検事正を悩ましたのは、その胸の奥に封印した二月三日のやり取りだったことであろう。

第9章　特捜検察の終焉

1　塚部検事の涙の告発

大坪特捜部長や前田主任検事は、おそらく組織を離れた個人としては面白味もある人なのであろうが、本件で彼らが特捜部長あるいは主任検事として取った行動を見る限り、そこには何らの人間味も感じられない。このことは佐賀副部長や國井検事も同じで、佐賀副部長など部下思いの人情家に違いなく、國井検事も同僚思いの気の良い青年だと思うが、彼らがこの事件で果たした役割の悪辣さは比類ない。これに対して塚部貴子検事の方はもう少し人間らしい。

塚部検事は、一月二七日の冒頭陳述の後、國井検事から前田主任検事の故意によるデータ改竄を告白され、二日間悶々と悩んだものの、一月三〇日、意を決して佐賀副部長にこれを訴えた。この際、塚部検事は、「村木さんは無実です。このことを公表してください。公表しないなら私は検事を辞めます」（新聞報道）と涙ながらに話したという。塚部検事の涙の訴えは、一月三〇日の午後五時から七時までの二時間に及んだ。ところで、土曜日夕刻の二時間というのは、前田主任検事のフロッピーディスクの改竄を訴えるにしては長すぎないか？

この時、塚部検事は、國井検事から告白された前田主任検事のフロッピーディスクの故意改竄を佐賀副部長に訴えたであろうが、その訴えの主眼は、「だから村木厚子さんの無実が分かった」という点にあったと考えるべきであろう。塚部検事は、その無実の村木厚子さんに対して、（公判部の職責として）有罪の論告求刑を行わなければならないのである。

「こんな正義に反することなどやってられない」という思いが、土曜日夕刻の二時間という長時間の告発になったはずで、その悔しさがなければ、塚部検事がここで検事の辞職まで口にして涙を流す理由がない。塚部検事の涙の訴えは大坪特捜部長の公判記録には一切出てこない。

その後、大阪地検は、何事もなかったかのように村木公判を進めていったが、ここで、

「公表しないなら私は検事を辞めます」

とまで言い切った塚部検事もまた検事を辞職することはなかった。大坪特捜部長がフロッピー問題の検事正報告を終えて、佐賀副部長から本件の終了宣言と箝口令が出されると、以後、塚部検事は淡々と村木公判を推進し、有罪の論告求刑まで行っている。

大坪特捜部長から次席報告があった後の二月二日午後一〇時五二分、國井検事から塚部検事へ、

「もう上に報告が行ったので我々は粛々とやりましょう」

との携帯メールが送信されている。このメールを受け取った後、塚部検事はこの問題を蒸し返すような行動はとっていない。

塚部検事は、

「佐賀副部長から大坪特捜部長に報告が上がれば、当然、高検、最高検、法務本省に報告が上がると考えていた」

旨供述しているが、佐賀副部長の報告は、大坪特捜部長を経由して、大阪地検検事正までしか上がっていない。

大阪地検は塚部検事の涙の告発をさらに上まで報告する必要性を認めなかった。なぜなら、塚部検事の訴えは、大阪地検上層部において、「狂人のヒステリー」にされたからである。大阪地検上層部は、「狂人のヒステリー」は大阪地検内で処理すべき問題で、高検、最高検、法務本省に報告すべき事項ではないと判断したのである。

大坪特捜部長と佐賀副部長は、二月二日夕方に次席報告をし、翌三日に検事正報告を終えているが、その内容は、

「前田主任検事が本件フロッピーディスクのデータに工作が加えられていないか検証している際、データが過誤により書き換わった可能性があるが、本件フロッピーディスクは還付されているため、確認できない。塚部検事がそれを伝え聞いて、改竄だと騒ぎ立てているが、その様子は告訴狂と同じだ」

というものである。

要は、塚部検事は、伝聞情報を基に前田主任検事の改竄を推測し、「公表」、「調査・検討」などと言っているだけで、告訴狂と同じヒステリー状態だというのである。玉井次席検事及び小林検事正は、いずれもが塚部検事の態度に驚くとともに、説明のあった本件データに関する問題については、取り

立てて書面にする必要もないということで了承した。人間として至極まともな訴えを、「告訴狂と同じヒステリー状態」と言い募るこの組織は狂っている。

大坪特捜部長と佐賀副部長は大阪地検上層部に対し本件虚偽過誤説明に基づく報告をしてその了承を得る一方で、部下には、大阪地検上層部にすでに報告済みと伝えることで、白井検事や塚部検事に対して、これ以上本件改竄について言い立てることがないように牽制することができた。

佐賀副部長の執務室から押収された罫線メモには、

「塚部貴子検事対策」

として、

「公判に出れば戦う気持ちになる」

などの記載がある。

一月二七日の弁護側冒頭陳述以来、大阪地検特捜部はフロッピーディスク問題で大騒ぎとなったが、一旦それが過誤改変で幕引きが図られると、大阪地検特捜部は、あとは何事もなかったかのごとき鉄の団結で、

「積極的に攻めていく」

ことになった。

2　特捜検察の捜査思想

前田主任検事は、小林検事正が朝日新聞からフロッピーディスクの改竄を聞いた九月一九日の夜、次のブログを書いており、このブログは事件後前田主任検事自身により公開されている。

〝夜半、携帯電話に着信履歴。大阪地検の特捜部長からだった。折り返すと、「自宅でゆっくりしている時に悪いな。検事正から話があるそうやから、明日の午後一時に検事正室に来てくれるか。検事正には部長も同席するようにと言われた。用件は不明や」とのこと。日曜日の二三時になろうかという時間だったし、翌九月二〇日は敬老の日だった。地検トップの検事正がわざわざ特捜部の部長と検事をセットで休日の庁舎に呼び出すこと自体、穏当ではない。

ちょうど九日前には、僕が主任検事として捜査のとりまとめを行った厚労省虚偽証明書事件で、担当課の元課長に無罪判決が下っていた。捜査当時は「社会・援護局長」という厚労省の要職についていた方だ。引責のための突然の人事異動の話か、フロッピーディスクのデータ改竄の件ではないかと直感した。

僕は何よりも法と証拠を重視すべきプロの法律家である検事として、絶対にやってはならない罪を犯した。元課長やそのご家族をはじめ、厚労省事件に関わった全ての関係者の皆さまに与えた計り知れない苦痛を思うと、まさしく万死に値する行いにほかならない。検事として、それ以前に一人の人間として、衷心からのお詫びの気持ちを形に表すべく、けじめをつけなければならない。後輩検事の一人に改ざんの件を告白した際、

「最後は僕が首をくくって責任をとるから」

と言っていたが、いよいよその時がやってきたようだ〟

前田主任検事はブログ上で村木厚労省元局長に謝罪しているが、大坪特捜部長は、現在に至るまで、ただの一度も謝罪の言葉を口にしたことがない。大坪特捜部長の著作『勾留百二十日』を読んで愕然とするのは、全三〇八頁のこの本のどこにも村木厚子さんに対する謝罪の言葉が出てこないことにある。

謝罪しないのは、大坪特捜部長が、無実の村木厚労省元局長を逮捕したことが悪いとは思っていないからで、それどころか、この人は、無罪判決が確定した今になっても、村木さんが無実だとは思っていない。大坪特捜部長がこの本の中で村木裁判に対する感想を記述しているのは次の二カ所である。

〝だがその後、村木課長の裁判で、弁護側から検察ストーリーと上村係長方から押収されたフロッピーディスクデータとが矛盾しているとの主張がなされた。それを境に、厚労省関係者らが次々に捜査段階での供述を覆していった。そして平成二十二年九月十日、無罪判決という最悪の結果となった〟(『勾留百二十日』二一四頁)

〝しかし残念かつ無念なことに村木事件捜査の一連の証拠関係のうち、上村元係長の供述調書の一部が上村氏の自宅から押収されたフロッピーディスクのデータと矛盾するという不備が存在したのである〟(同二〇〇頁)

塚部検事は「捜査報告書と検察側主張の矛盾」をもって村木さんの無実を知ったが、大坪特捜部長にとってそれは「残念かつ無念」なことに過ぎない。そして、無罪判決が出たのは、「捜査報告書と検察側主張の矛盾」がマスコミで大きく報道されたため、それを見た厚労省の関係者がマスコミ報道に悪乗りして、次々と捜査段階の供述を覆していったからで、それは「最悪の結果」ではあっても、自分が謝罪するようなことではないという理屈になっている。

ここで塚部検事の思考経路を検証すると、彼女は公判部にいたので、一月二七日の村木裁判初回公判における弁護側冒頭陳述を自分の耳で聞いており、そこでまず「捜査報告書と検察側主張の矛盾」を認識している。そうしたところ、公判後に、國井検事から、前田主任検事による「フロッピーディスクの改竄」を打ち明けられた。ならば、村木課長が上村係長に指示共謀することは物理的に不可能で、だから、

「村木さんは無実です。このことを公表してください。公表しないなら私は検事を辞めます」

という結論になる。

塚部検事の思考において、「捜査報告書と検察側主張の矛盾」は村木課長の無実を示唆する要因であったところ、「フロッピーディスクの改竄」はそれを確信に変える要因となった。塚部検事のこの思考経路は、その演繹論理において一点の歪みもない。

そこで、今度は大坪特捜部長の思考経路を分析すると、大坪特捜部長は、一月二七日の村木裁判第一回公判に出ておらず、弁護側冒頭陳述を知らなかったところ、公判後、小林検事正から、「捜査報

告書と検察側主張の矛盾」がマスコミで報道されていると指摘された。この人にとってみれば、「捜査報告書と検察側主張の矛盾」問題など、「残念かつ無念」なことではあっても、それと村木課長の無実とは何の関係もない。こうして、「弁護側が何かヤヤコシイことを言っているな」程度の気持ちで「捜査報告書と検察側主張の矛盾」問題をとらえていたところ、前田主任検事がフロッピーディスクの検証中にデータを変えたかもしれないという報告を受けたのである。ならば、大坪特捜部長の思考において、「フロッピーディスクの改竄」は大阪地検特捜部内の不祥事に過ぎない。

塚部検事が「捜査報告書と検察側主張の矛盾」を村木課長の無実の証拠とみるのに対して、大坪特捜部長はそれを反証可能な弁護側主張の一つで、村木課長の無実の証拠とは考えない。だから、その後「フロッピーディスクの改竄」問題が出てきても、塚部検事はこれを村木課長無実の決定的証拠とみるのに対して、大坪特捜部長は大阪地検特捜部内の不祥事としかとらえない。

すなわち、塚部検事が、客観証拠と検面調書(検察官面前調書)が矛盾した場合、客観証拠を優先させるのに対して、大坪特捜部長は、客観証拠と検面調書が矛盾した場合、「客観証拠が間違っている」として、「検面調書を優先させるべきことは揺るぎない」と考えている。この狂った証拠評価思想は、大阪地検上層部の全員で塚部検事を狂人扱いしたことからも分かるように、特捜検察固有の思想になっている。

3　どんな人でも有罪にできる

ところで、ジャーナリストの江川紹子氏の公開する「國井検事証言メモ」によれば、大坪・佐賀事件の二〇一一年九月二七日公判において、國井検事は同僚宛に、

「ブツを改ざんするというのは聞いたことがないが、一般論として、言ってもいないことをPSにすることはよくある。証拠を作り上げたり、もみ消したりするという点では同じ。前田さんを糾弾できるほどきれいなことばかりしてきたのかと考えると分からなくなる」

とメールしていたことが明らかとなっている。ここでPSとは検面調書のことである。

また、國井検事は、フロッピーディスク問題が過誤として不問に付された後の二月四日あるいは五日頃の話として、大坪特捜部長が、國井検事に対して、

「志布志の事件も、無罪になったから、捜査がうんぬんかんぬん言われて問題になるんだ」

「この村木公判も、有罪を取りさえすれば問題にならない」

「前田君の改竄だって分からないんだ」

「だから公判は積極的に攻めていくんだ」

などと述べたと供述している。

この事件の無罪判決後、ストーリー通り嘘の供述調書を取った大阪地検の特捜検事の一人は、マスコミに対して、

「間違ったことをしたつもりはなく、いつも通りにやっただけだ」

と答えている。特捜検察では、ストーリーに沿った供述証拠の捏造など、間違ったことではなく、いつも通りやっている当たり前のことに過ぎない。

ここでよくよく考えてみれば、フロッピーディスクといった物証であろうが、密室で作成された供述調書であろうが、法廷において一旦それが証拠採用されてしまえば、どちらも有罪無罪を左右する証拠であることには変わりがない。ここで司法関係者は、供述証拠はその任意性が厳しく検証されるので物証とは違うと言うのであるが、特捜検察の検面調書だけは、歴史的に常に無条件かつ絶対的な特信状況が認められてきた。特捜検察の検面調書は物証等価物なのである。

こと特捜検察に限っては、検面調書は物証と等価であり、その特捜検察は、ストーリーに沿った供述証拠の捏造などいつもやっている。特捜検察にとってみれば、物証の改竄は今回初めて見つかっただけのことで、その本質は、いつもやっている供述証拠の捏造と変わることがない。

4　特別公務員職権濫用罪

大坪特捜部長は、前田主任検事に対して、「村木さんの検挙が最低限の使命」であり、その使命は「必ず達成しなければならない」と強い圧力をかけていた。特捜部長の絶対命令に従い、前田主任検事はフロッピーディスクの改竄をして、村木課長有罪の証拠を捏造した。前田主任検事の転落物語には、絶対権力の中で真面目に頑張ろうとする人が犯罪に追い詰められていく心理がありありと描かれている。特捜検察では、良い人や真面目な人が一番酷いことをする。

一審大阪地裁が大坪特捜部長と佐賀副部長に下した有罪判決には執行猶予が付いた。被告人両名に酌むべき有利な事情として、判決文は次の情状を挙げている。

〝ところで、被告人両名の経歴（中略）を見ても、被告人両名は、検察庁部内において、その捜査官としての力量はもとより、管理者としての力量も評価されてきたことが明らかである。しかるに、本件犯行は、（中略）被告人両名において、特捜部の威信や組織を守りたいとの思いを主たる動機としているところ、このような思いを抱いたことが、被告人両名の特異な性格や考え方によるものであるとは（中略）考え難い。むしろ、村木事件の立件に至る経緯、村木公判の経緯、前田検事による本件改ざんそれに続く本件犯行の経緯を見ると、そこには、特捜部の威信や組織防衛を過度に重要視する風潮が、当時の特捜部内、ひいては検察庁部内にあったことは否定できず、さらには、立件する以上は、中央省庁の局長のような大物を逮捕して事件を大きくしたい、特捜部が逮捕した以上は、何としても起訴し、起訴した以上は有罪を得なければならないとの思いから冷静な判断ができなくなるといったような、偏った考え方が、当時の特捜部内に根付いていたことも看取できるのである。そもそも、本件犯行は、前田検事による本件改ざんに端を発したものであるが、前田検事自身、特捜部というのは失敗は許されない、起訴した以上は必ず勝たないといけないとの思いから、村木事件においても、より確実に、より迅速に有罪を得るため、消極証拠の一つとなり得る本件フロッピーディスクを弁護人に対する証拠開示の対象から外すため、これを上村係長に還付したいが、その際、還付を受けた上村係長において万一本件フロッピーディスクのデータを見たときに、自らの供述に照らして違和感を抱かないようにするため、本件改ざんを行った旨、その動機を述べているが、これも、前記のような、当時の特捜部の考え方を裏付けている。そして、被告人両名が本件犯行に至ったのも、このような当時の特捜部内の体質ともいうべき考え方に影響されたものということができるが、当時の検察庁部内において、特にそのような特捜部の体質を改めようとする姿勢は見られなかった。そうすると、本件犯行は、このような組織の病弊ともいうべき当時の特捜部の体質が生み出したともいうことができるのであって、この点では、被告人両名ばかりを責めるのも、酷ということができる。（傍線筆者）

無罪判決かと見紛うばかりのこの文章に、裁判官の本音が垣間見える。大阪地裁は、本件証拠改竄事件の原因が、

「立件する以上は、中央省庁の局長のような大物を逮捕して事件を大きくしたい、特捜部が逮捕した以上は、何としても起訴し、起訴した以上は有罪を得なければならないとの思いから冷静な判断ができなくなるといったような、偏った考え方で凝り固まった特捜部の組織の病弊」

にあったと考えている。

ならば、最高検は、本件を特別公務員職権濫用罪で立件しておくべきだった。刑法第一九四条は、「裁判、検察若しくは警察の職務を行う者又はこれらの職務を補助する者がその職権を濫用して、人を逮捕し、又は監禁したときは、六月以上一〇年以下の懲役又は禁錮に処する」として、特別公務員職権濫用罪を規定している。大阪地検特捜部は、厚労省村木元局長を、無実の人でも有罪にできるという特捜検察の職権を濫用して逮捕した。これは特捜検察という歪んだ組織の犯罪で、前田・大坪といった個人の犯罪ではない。

そもそもこの事件で前田主任検事の証拠隠滅罪というのは分かるとしても、大坪特捜部長と佐賀副部長の犯人蔵匿罪というのはふざけているではないか。大坪特捜部長と佐賀副部長にとっては、検察ストーリーに沿った供述証拠の捏造など普通のことで、それと同じ証拠力を持つ物証の改竄もまた、検察ストーリーに沿っている限り、さしたることとは思えない。ならば、彼らが前田主任検事を犯人と認識することなどありえない。大坪特捜部長や佐賀副部長の犯人蔵匿罪には人間社会における常識としての無理がある。

ところが、これが特別公務員職権濫用罪となればそうはいかない。特別公務員職権濫用罪であれば、大坪特捜部長及び佐賀副部長には長期実刑が科されたであろうし、小林検事正と玉井次席検事も無傷では済まない。その刑事責任は、厚労省村木課長の逮捕を決裁承認した高検及び最高検にまで達することになる。特捜検察は崩壊したであろう。

大坪特捜部長は最高検を恨んでいるようであるが、事実は、大坪特捜部長が犯人蔵匿罪を引き受けることにより、日本の特捜検察が救われたのである。最高検は大坪特捜部長に足を向けて寝られない。

5　ハインリッヒの法則

想起すれば、この事件は、二〇〇九年二月に起きた郵便不正事件に端を発している。この時、大阪地検特捜部は、郵便法違反が罰金刑に過ぎないことを承知の上で、敢えて強制捜査に乗り出して大量一三名の関係者を逮捕した。心身障害者用低料第三種郵便を悪用したダイレクトメールによる暴利構造は悪質この上なく、マスコミ世論が、自称障害者団体の「白山会」や広告代理店の「新生企業」を巨悪として報道したからである。

大阪地検特捜部は、マスコミ世論に背中を押されるように、微罪罰金刑での逮捕に踏み切った。ここでの容疑者は、障害者福祉を悪用して暴利を貪ろうとするような人たちなのだから、どうせ他にも悪いことをたくさんしているに違いない。逮捕して取り調べれば、余罪が出てきて、それなりの懲役刑が求刑できると考えたのである。ところが、実際に強制捜査に乗り出してみると、郵便事業会社職員を中心に大した余罪は出てこなかった。巨悪の摘発をその威信の源泉とする特捜検察にとって、逮捕した者が罰金刑というのではまことに困ってしまう。

振り上げた拳の下ろしどころに窮していたところ、大阪地検特捜部のエース前田主任検事が、低料第三種郵便で使われた公的証明書に厚労省村木課長の公印が押されていることに目を付け、虚偽公文書事件の筋書きを考案した。この筋書きを前田主任検事から聞いた大坪特捜部長は小躍りして喜び、村木課長の逮捕に向けて、前田主任検事に強烈なプレッシャーをかけた。

前田主任検事は事件の「割り屋」として有名で、検察組織の中で高い評価を受けていた。そこで、「凜の会」の倉沢会長や厚労省の塩田部長を取り調べると、両人とも、石井一国会議員の口利き依頼があったこと、及び、村木課長の指示により上村係長が虚偽の公的証明書を作成したことを認める自白調書に署名した。

実は、この時、上村係長方から押収されたフロッピーディスクのブツ読みをしていた國井検事は、フロッピーディスクのデータと関係者の供述調書に矛盾(プロパティ問題)があることを前田主任検事に報告したが、この報告は前田主任検事に握りつぶされ、プロパティ問題が大阪地検上層部に報告されることはなかった。

大阪地検特捜部は、プロパティ問題は解明されなかったものの、上村係長や倉沢邦夫「凜の会」会長らからの供述から、虚偽公文書作成罪の立証は可能と考え、大阪高検及び最高検の決裁も得たうえで、村木課長を二〇〇九年六月一四日に逮捕した。そして同年七月四日、村木課長及び上村係長を、公的証明書に係る虚偽有印公文書作成・同行使の罪で起訴した。

大坪特捜部長の希望通り村木課長は起訴されたが、前田主任検事は例のプロパティ問題が気になっていた。そこで、起訴後の二〇〇九年七月一三日午後、前田主任検事は、大阪地検の自分の執務室で、問題のフロッピーディスクのプロパティ情報を六月八日へと改竄し、関係者の供述調書との辻褄を合わせた。しかし、前田主任検事は、この時、愚かにも、最終更新日時を証拠化した國井検事の捜査報告書があることを失念していた。

このフロッピーディスクは、前田主任検事による改竄後、上村係長に返却されたが、その際前田主任検事は、國井検事に対し、

「おれ、実はあれ書き換えたんだ」

と告白している。これに対して、國井検事は、

「まじっすか?」

と言っている。國井検事は、このことを他の誰にも言わず、自分の胸の中にしまい込んだ。

村木課長は、二〇〇九年六月一四日の逮捕以来一六四日間大阪拘置所に勾留され、同年一一月二四

日に一五〇〇万円の保釈金を積んで保釈された。フロッピーディスクのプロパティ問題は、勾留中の村木課長が、差し入れられた國井検事の捜査報告書を独房内で分析することにより、自分自身で発見した。

村木課長は、本件捜査取調べ段階で、虚偽公文書事件なのだからその作成日時が特に重要として、取調べに当たった國井検事に対し、

「証明書の作成に関して日付の分かるものはないんですか?」

と聞いている。これに対して、國井検事は、

「残念ながら、ないんですね」

と嘘をついている。

村木課長は、勾留中にフロッピーディスクのプロパティ問題を発見して自らの無罪を確信した。一方、國井検事と前田検事の両名は、村木課長の起訴前、フロッピーディスクの改竄情報を共有することにより村木課長の無実を知りうる立場にいた。はっきり言えば、知っていた。知っていたが止まれなかった。

厚労省村木事件が画期的なのは、

「被疑者が無実と分かっていても逮捕・起訴して有罪を取りに行く」

という特捜検察の驚くべき実態が日本社会全体に暴露された点にある。この事件では、大阪地裁の横田信之裁判長が最後の段階で特捜検察の暴走を止めたが、事件が横田裁判長に係属されたのは単なる偶然に過ぎない。

ここにハインリッヒの法則がある。ハインリッヒの法則は、労働災害の発生確率に基づいて生まれた経験則で、

「一つの事故が起きるまでには二九種類のかなり危ないエラー、その前には二〇〇から三〇〇種類のヒヤリハットが必ず発生している」

というものである。ハインリッヒの法則を特捜事件に当てはめてみれば、

「厚労省村木課長の無罪事件が起きるまでには二九件の冤罪事件があり、その前には二〇〇から三〇〇の際どい有罪事件が必ず発生している」

ということになる。

6　捜査権と起訴権の併有

二〇一〇年は、逆転証言が相次いだ厚労省村木公判、それに引き続く村木課長の無罪判決、さらには、その裏で行われていた大阪地検特捜部による証拠改竄と、かねて社会の一部から批判のあった特捜検察の闇が一気に表面化した。多くのマスコミが「特捜検察の権威は地に堕ちた」とする論評を発表したが、この中で、脳科学者の茂木健一郎氏は、「特捜検察に対する信頼は地に堕ちた」として、次の論稿を『週刊ポスト』二〇一一年一月一四・二一日号に発表している。

〝私が子どもの頃は、検察というものは無条件に「正義」であり、悪を暴くのだと信じていた。

時代の推移の中でも、そのような前提は、多かれ少なかれ保たれてきた。ところが、今年起こった一連の出来事を通して、検察に対する信頼は地に堕ちた。極端な立場をとる人たちの間のことではない。ごく良識的な人たちの中でも、「検察の言っていることは、本当にそうなのか」という疑いが生まれてきたのだ〟

証拠物の改竄までやっていたのだから特捜検察の権威が地に堕ちるのは当たり前ではあるが、これが「検察に対する信頼が地に堕ちた」となると、特捜検察はまことに困ってしまう。国民の信頼がないのであれば、検察は事件捜査などやる必要がない。そもそも、検察は、刑事訴訟法上、事件捜査を行うことにはなっていないからである。

現行刑事訴訟法第一八九条第二項は

「司法警察職員は、犯罪があると思料するときは、犯人及び証拠を捜査するものとする」

として、事件捜査は本来的に警察の職務としているのである。

日本国の法律上、事件捜査は警察が行う。上場会社の企業不正については、金融商品取引法の規定により、証券取引等監視委員会が事件捜査を行う。検察官は、警察あるいは証券取引等監視委員会の告発を受け、捜査における適正手続と証拠の十分性を吟味して起訴するかどうかの判断を行う。この結果、捜査と起訴の分離による内部統制が機能する。

捜査した以上、起訴して有罪判決を取りたいというのは捜査機関としての自然な行動原理となる。このような原理が働く中で、捜査と起訴が同一体で行われるとすれば、そこには適正捜査に対する内部統制など機能しない。内部統制がなければ、供述や証言の捏造、あるいは、証拠偽造による冤罪事件が必ず起きる。

私は長く国際会計事務所で働き、世界の司法を身近で見てきたが、捜査権と起訴権を併有する特捜検察のような組織体は、西側先進諸国において、日本と韓国以外に聞いたことがない。米国連邦捜査局（ＦＢＩ：Federal Bureau of Investigation）や米国証券取引委員会（ＳＥＣ：US Securities and Exchange Commission）は、強力な捜査権はあるものの起訴権は持たない。英国ロンドン警視庁のスコットランド・ヤードも起訴権など持っていない。

日本の特捜検察が起訴及び公判維持機関でありながら捜査権も持つのは、現行刑事訴訟法第一九一条が、

「検察官は、必要と認めるときは、自ら犯罪を捜査することができる」

と規定しているからである。

検察は、この規定を受けて、東京、大阪、名古屋の三つの地方検察庁に常設機関としての特捜部を置いている。検察は、犯罪を捜査することが常時必要と自ら認めていることになるが、それが延々と続いているのは、国民がその常設を支持しているからに他ならない。

国民は巨悪の摘発を求めており、巨悪は合法あるいは非合法の強大な権力を持っている。官僚組織として権力に奉仕する警察では巨悪に歯が立たない。そこで、「起訴権を独占する検察に無制限の捜査権を与えて巨悪の摘発をさせる」というのが特捜検察の存在意義になっている。ここでは起訴権と捜査権の分離による内部統制は犠牲にされるが、その不利益は、特捜検察に対する圧倒的な支持・信

頼を背景として国民に容認される。すなわち、国民の圧倒的な支持・信頼を背景とする巨悪の摘発こそが特捜検察の存立基盤となっている。

それが、障害者福祉を食い物にしたとして立件した郵便不正事件では、大量一三名の逮捕者のほとんどに対して罰金刑しか取れず、高級官僚の犯罪として立件した虚偽公文書事件では、下級官僚の惰性的怠慢による単独犯行で終わってしまった。厚労省の村木課長を逮捕したところ、無罪判決を食らって、その裏で、証拠の偽造までやっていたというのでは目も当てられない。だいたいが、村木厚子さんの顔はどこから見ても巨悪には見えない。特捜検察の冤罪構造は、一部不良検事の暴走によるものではなく、特捜検察の文化と思想そのものに起因している。

III

犯罪会計学で何が分かるか

第10章　犯罪会計学の成立

1　有罪・無罪の分水嶺

第6章において、村木厚子さんが虚偽公文書事件で無罪判決が取れたのは、この事件が大阪地方裁判所第一二刑事部に係属になった時、弘中惇一郎弁護士が東京地裁への移管という意見を一蹴し、横田信之裁判長による判決を選択した判断に負うところが大きいことを指摘した。

横田信之裁判長は、客観証拠を重視する裁判官として法曹関係者の間では有名だったので、弁護士ならしごく普通にこの選択をすると思うかもしれないが、それは違う。この選択は弁護士に途轍もない経済的負担を強いるからである。経済合理性からすれば、東京在住の弁護士が大阪地裁係属を選択するなど、およそ経済採算に合わぬこと甚だしい。

東海道新幹線の東京―新大阪間新幹線普通車指定席の運賃は片道一万四四五〇円である。東京在住の弁護団一行が週一回一年間東京―新大阪間を往復すると、その交通費は約六〇〇万円(＝@一万四四五〇円×往復二×弁護団四名×五二週間)となる。その他に宿泊費もある。優に七〇〇万円を超える実費が出ていくが、これは被告人に請求できるので弁護士の負担とはならない。問題は、移動時間である。東京―新大阪間の新幹線での移動時間は二時間半で、これに東京駅・新大阪駅までの移動時間がそれぞれ半時間加算される。弁護士が東京で事務所を構えて生活するためには、最低一時間当たり三万円のコストがかかる。同様のコスト計算を行うと、東京在住の弁護団一行が毎週一回一年間東京―大阪間を往復する移動時間の原価は、四三六八万円（＝@三万円×三時間半×往復二×弁護団四名×五二週間）となる。この移動時間は被告人に請求できない。請求しても被告人は支払えない。

私は、カミソリと言われる弘中惇一郎弁護士が、ここで述べたような原価計算を行った上で東京地裁移管を一蹴したとは思わない。彼はこのような事務所経営上の損益計算など一顧だにせず東京地裁移管を一蹴している。被告人は無実という確信がなければ、このような判断などできるはずがない。

弘中惇一郎弁護士の凄みは、「弁護士はやりがいのある刑事弁護それ自体によりすでに報われている」とする強烈なプロフェッショナリズムの実戦配備にある。もとより、この人は、「間に立つ紹介者もない人物と信頼関係を築くのは困難」として、無罪請負人としての名声を目当てにやってくる政治家やタレント等の（まことに経済採算の良い）仕事は受けない。虚偽公文書事件の村木厚子さんは、弘中惇一郎弁護士の亡妻の厚労省時代における直属の部下なのである。ここには被疑者と弁護人の絶対的な信頼関係が成立しており、弘中惇一郎弁護士は、その絶対的な信頼関係に基づき、およそ経済的見返りの期待できない事件調査を十分に行った上で、村木厚子さんの無実を絶対的に確信している。

だから、弘中弁護団の冒頭陳述は火を噴くばかりに激しいものとなっている。この冒頭陳述は、村木厚子さんの虚偽公文書の作成における故意を否定する以前に、虚偽公文書作成の共謀という犯罪事実そのものを全否定している。

経済事件は故意犯で、過失犯を罪に問わない。経済事件が成立するためには、犯罪事実と被告人の故意が両立していなければならない。一般に、弁護人は、特捜検察が立件した以上犯罪事実そのものは争っても勝ち目が薄いとして、被告人の故意を中心に争うことが多い。はっきり言えば、ほとんどがそうである。犯罪事実を争うということは、検察官の起訴並びに逮捕そのものが間違っていると主張しているのと同じで、特捜検察の立件に対する全否定に他ならない。特捜検察を敵に回してガチンコ勝負を挑むのである。負ければ、その後執行猶予狙いの刑事事件で特捜検察から報復を受けかねず、そしてオッズは九九・九％の負けと出ている。こんな恐ろしいことをやってくれる弁護士は、日本にそう滅多にいるものではない。

長銀・日債銀の両粉飾決算事件が下級審有罪となったのはここに原因がある。私が、キャッツ粉飾決算事件で無罪判決が取れなかったのも、これが原因だと思う。私を含むこれら三事件は、一審東京地裁の段階で、粉飾決算という犯罪事実を争わず、粉飾に対する被告人の故意だけを争っている。粉飾事実も多少は否定しているのであるが、その主張は故意の補助的主張に留まり、腰が引けて弱々しいことこの上ない。

被告人の故意など人の心のことで何とでも言える。公判では被告人の故意を裏付ける関係者の供述調書（検面調書）が次から次へと公判に提出される。特捜検察の検面調書はほぼ無条件に証拠採用されるので、経済事件で（犯罪事実を争うことなく）故意だけで争えば、弁護側が勝つ可能性は限りなくゼロに近い。日本の弁護士は、特捜検察に故意では勝てないことを知らなくてはならない。

2　日債銀最高裁判決

二〇〇八年七月一八日、最高裁は長銀粉飾決算事件に対して逆転無罪判決を自決した。長銀粉飾決算事件の逆転無罪は、

「不良債権の原因を作り出した経営者が公訴時効で罪に問われない中で、その後始末をやらされた銀行経営者だけが有罪になるのはかわいそう」

という社会の同情論を背景として出された。ここで、日債銀の東郷重興元頭取に対する社会の同情は長銀の被告人に対するものよりはるかに大きかった。

長銀粉飾決算事件の最高裁逆転無罪に遅れること一年五カ月、最高裁第二小法廷は、二〇〇九年一二月七日、日債銀粉飾決算事件の判決を言い渡した。大方の予想する逆転無罪ではなく、高裁差戻しとなった。この最高裁判決文には、なぜこの段階で最高裁が無罪判決を書くことができないのか、最高裁の苦渋の思いが記述されている。

この最高裁判決文は全一六ページのものであるが、その最後の一ページは古田佑紀裁判官の補足意見であり、判決文そのものは一五ページに過ぎない。判決文の理論構成は長銀判決とほぼ同じであり、その最後の二一行に、日債銀の粉飾決算事件が、なぜ長銀の場合と異なり、高裁差戻しとされたのかが説明されている。以下に転載する。

平成一〇年三月期の決算に関して、多くの銀行では、支援先等に対する貸出金についての資産査定に関して、厳格に資産査定通達等によって補充される改正後の決算経理基準によるべきものとは認識しておらず、当時において、資産査定通達等によって補充される改正後の決算経理基準は、その解釈、適用に相当の幅が生じるものであり、将来的に実務を積み重ねることで自己査定の具体的な判断内容の精度や整合性を高めていくという性質を内包したものといわざるを得ない。

このように、資産査定通達等によって補充される改正後の決算経理基準は、特に支援先等に対する貸出金の査定に関しては、幅のある解釈の余地があり、新たな基準として直ちに適用するには、明確性に乏しかったと認められる上、本件当時、従来の税法基準の考え方による処理を排除して厳格に前記改正後の決算経理基準に従うべきことも必ずしも明確であったとはいえず、過渡的な状況にあったといえ、そのような状況のもとでは、これまで「公正ナル会計慣行」として行われていた税法基準の考え方によって支援先等に対する貸出金についての資産査定を行うことも許容されるものといえる。

そうすると、本件当時、資産査定通達等によって補充される改正後の決算経理基準に従うことが唯一の公正なる会計慣行であったとし、税法基準の考え方に基づく会計処理を排斥し、資産査定通達等によって補充される改正後の決算経理基準の定める基準に従って日債銀の貸出金の評価をし、平成一〇年三月期決算において日債銀に二二〇五億七〇〇〇万円の当期未処理損失があったとした原判決は、その点において事実を誤認して法令の解釈適用を誤ったものであって、破棄しなければ著しく正義に反するものと認められる。

ところで、税法基準による貸出金の評価は、（中略）合理的な再建計画や追加的な支援の予定があるような支援先等については「事業好転の見通しがない」とすることは原則として適当でないとする処理を前提に、貸出先が上記のような支援先等に当たる場合には、原則としてこれらに対する貸出金等を回収不能と評価せず、償却・引当をしないという考え方に基づくものといえ、これからすれば、母体行主義の下において原則として支援が求められる関連ノンバンクなど、上記のような貸出先に当たる取引先については「事業好転の見通しがない」とはいえず、これに対する貸出金につき償却・引当をしなくても直ちに違法とまではいえないことになる。しかしながら、本件貸出先は上記のような関連ノンバンクではなく、原則として支援が求められる貸出先ということはできない。（中略）

従来採られていた税法基準の考え方に従って適切に評価した場合に、これらの貸出先が「事業好転の見通しがない」とすることが適当でない取引先に当たるかどうか、これらに対する本件貸出先が回収不能又は無価値と評価すべきものかどうかについては必ずしも明らかとはいえず、その点について、その当時行われていた貸出金の評価や他の大手銀行における処理の状況をも踏まえて、更に審理、判断する必要がある。

よって、（中略）原判決を破棄し、更に審理を尽くさせるため、本件を原裁判所に差し戻すこととし、裁判官全員一致の意見で、主文のとおり判決する。

最高裁は、日債銀粉飾決算事件では粉飾の犯罪事実の成立につき下級審で十分な審理が行われていないと論断している。ここには被告人の故意の立証など一言も出てこない。下級審が粉飾の犯罪事実を十分に審理しなかったのは、弁護側がそれを強く争わなかったからで、裁判所は弁護側あるいは検察側が争点として裁判所に提示しない論点を自ら争点として自決することなどできない。この最高裁判決文は、最高裁から日債銀の弁護団に対するメッセージなのである。

この判決文では、

- 最高裁が日債銀粉飾決算事件に無罪判決を出したいと内心思っていること
- おそらく粉飾決算という犯罪事実は成立していないと思われること
- 下級審で粉飾決算の犯罪事実成立の審理が十分に行われていないこと
- したがって、逆転無罪の自決が出来ず、高裁差戻しとせざるを得ないこと

という最高裁の本音が窺い知れる。

そこで、最高裁は、日債銀弁護団に対して、「こうすれば無罪が出せるのだ」とばかり、

- 日債銀の貸出先が「事業好転の見通しがない」とすることが適当でない取引先に当たるかどうか
- 日債銀の貸出先が回収不能又は無価値と評価すべきものかどうか

について、「その当時行われていた貸出金の評価や他の大手銀行における処理の状況」を立証するよ

う求めている。出来の悪い生徒に、先生が試験問題の解答を教えているのである。日債銀弁護団は、日債銀差戻し審の東京高裁において、最高裁が教えてくれた模範解答通りの立証を行った。

高裁差戻しから一年八カ月を経た二〇一一年八月三〇日、差戻し審の東京高等裁判所は、日債銀粉飾決算事件で有価証券報告書虚偽記載の罪に問われた元会長窪田弘被告、元頭取東郷重興被告、並びに、元副頭取岩城忠男被告ら旧経営陣三人に対し、執行猶予付き有罪とした一審判決を破棄、いずれも逆転無罪を言い渡した。

事件発生からこの無罪判決まで一二年の歳月がかかった。無罪判決を受けた窪田弘元会長は、逆転無罪判決から一年五カ月後の二〇一三年一月三一日、倒れるように死亡した(享年八一歳)。岩城忠男元副頭取は、それより早く、逆転無罪判決から一一カ月後の二〇一二年八月二日に、心不全で死亡している(享年七四歳)。

東郷元頭取は、判決後の記者会見で、「今日の空のように、一点の曇りもない明快な判決をいただいた」と語った。東郷元頭取は、この長い被告人人生が、「言った、言わない」の不毛な故意立証ばかりに現《うつつ》をぬかし、粉飾決算という犯罪事実のガチンコ勝負を避けた弁護方針の失敗によるものであることには、おそらく、思い至らなかったことであろう。

3　甲号証の同意

私が有罪判決を受けたキャッツ粉飾決算事件も同じである。弁護側は、キャッツの二〇〇四年一二月期の財務諸表が粉飾であったかどうかはほとんど争わず、私がその粉飾に共謀したかどうかの故意だけを強烈に争った。しかし、今にして分かった。これはまったく意味がない。なぜなら、弁護側は公判開始前の段階で粉飾事実に関する甲号証を同意してしまっているからである。

甲号証とは、乙号証を除いた証拠のことで、乙号証とは、被告人の自白などの供述書・供述録取書、身上関係書、前科などの犯罪関係書類などの証拠(『三省堂コンサイス法律学用語辞典』)をいう。粉飾決算事件の場合には、会社登記簿謄本、有価証券報告書、適用される会計基準書、事件関係者の供述調書などが甲号証となり、被告人の自白調書が乙号証となる。刑事訴訟法第三〇一条の趣旨により、乙号証は甲号証が取り調べられた後に取り調べられることになっている。

キャッツ粉飾決算事件の場合は、適用される会計基準として金融商品会計基準(企業会計基準第一〇号)の全文コピーが甲号証に入っていた。このコピーには、検察官が、コピーの出所と複写日時及び事件における金融商品会計基準の該当条項とその解釈を記載した捜査報告書が付いている。そして、捜査報告書の金融商品該当条項を読むと、キャッツの会計処理は自動的に会計基準に違反していることになってしまうのである。

弁護側は、キャッツ粉飾決算事件の公判開始前の証拠開示の段階で、この甲号証に同意している。ここで「同意」とは、現行司法実務上、同意された内容については裁判で争わないという訴訟当事者の意思表示を表すものとして運用されている。公判廷で一旦同意したものは後でこれを取り消すことはできない。すなわち、キャッツ粉飾決算事件は、公判が始まる以前の段階で、「粉飾決算の犯罪事実を認めた上で粉飾決算の共謀に対する故意だけを争う」という裁判上の土俵がすでに決定されていたのである。

ここで、刑事訴訟法第三二六条第一項の同意は、反対尋問権を放棄するか否かとは別に、伝聞証拠に対して証拠能力を付与することを承認する当事者の行為であるとして、証拠能力と証明力は別問題であるから、本件甲号証に同意した上で捜査報告書作成者を尋問し、捜査報告書の証明力を争うこともできるというのが刑事訴訟法の教科書的な解釈とされている。しかし、甲号証に同意しておきながら後で証人尋問を請求しても、そんな尋問請求が認められる保証はどこにもないし、第一、私の弁護団は、本件捜査報告書の証明力を争う気などさらさらないままに本件甲号証を無条件で同意している。

キャッツ粉飾決算事件の起訴事実は、私が、キャッツの代表取締役らと共謀し、

第一　株式会社キャッツの二〇〇二年六月の中間決算において、本当は六〇億円の貸付金であるにもかかわらず、これを六〇億円の預け金として中間貸借対照表に計上した虚偽の半期報告書を関東財務局に提出した、

第二　株式会社キャッツの二〇〇二年一二月の連結決算において、本当は多くとも六億五〇〇〇万円の株式会社ファースト・マイルの取得原価を、六〇億円として個別貸借対照表に計上した虚偽の有価証券報告書を関東財務局に提出した

というものである。

ここで、金融商品会計基準は、世界的な時価会計の流れを受けて、一九九九年一月二二日に企業会

計審議会により制定された会計基準であり、その適用は二〇〇〇年四月一日からとされている。金融商品会計基準は金融資産と金融債務及びデリバティブに時価会計を適用するものであり、それ以外の資産負債には従来通り企業会計原則による取得原価会計が適用される。

第一の起訴事実で問題となる六〇億円は、金銭債権として金融商品会計基準が適用になるが、金融商品会計基準第六八項の規定により、時価ではなく取得原価が適用される。第二の起訴事実で問題となるファースト・マイル株式は、有価証券として金融商品会計基準が適用になるが、それはキャッツの連結子会社であることから、金融商品会計基準第七三項の規定により、時価ではなく取得原価が適用される。このように、起訴事実で問題となる資産項目は金融商品会計基準が適用されるものの、金融商品会計基準の例外規定により、従前の企業会計原則に基づく取得原価会計が適用される。

本件甲号証に添付された捜査報告書の問題は、金融商品会計基準＝時価会計を当然の前提として、金銭債権及び有価証券が金融商品会計基準の適用になるとして、金銭債権及び有価証券が時価評価されていないキャッツの財務諸表は粉飾決算になると誘導している点にある。キャッツ粉飾決算事件の起訴事実における会計処理は、特別法たる金融商品取引基準の対象ではあるものの、そこでの例外規定により、実際には一般法たる企業会計原則が適用される。甲号証の捜査報告書は金融商品会計基準の誤導なのであるが、弁護側は捜査報告書を含む本件甲号証を同意している。

ここで、第一の起訴事実について解説すれば、六〇億円の金銭債権は取得原価であろうと時価であろうとその評価額は同額となる。検察官はこれを貸付金と主張しキャッツは預け金と処理したのであるが、それはこの債権が金銭消費貸借契約による貸付金ではなく、株式預託契約に基づく金銭債権だったからに他ならない。会計では売掛債権以外の金銭債権を未収金、立替金、前渡金、預け金等、その特性を示す勘定科目で表示することになっている(企業会計原則第三貸借対照表原則四貸借対照表の分類及び財務諸表等規則第一七条)が、司法では売掛金以外の金銭債権は総じて貸付金であるという。しかし、財務諸表の表示には企業会計原則及び財務諸表等規則が適用されるのであり、刑法が適用されるわけではない。

第二の起訴事実について論及すれば、検察官の主張する「多くとも六億五〇〇〇万円」というのはファースト・マイルの直近の売買事例で、直近の売買事例は税務上の時価である。税務上の時価は企業会計原則の認める時価とはならない。この時価を問題とする以前に、ファースト・マイルはキャッツの子会社なので、そこでは時価ではなく取得原価が適用されなければならない。キャッツはファースト・マイル株式を預託預け金六〇億円で取得したのだから、その取得原価は六〇億円となる。

検察官は、ファースト・マイルに六〇億円の価値などなかったのだから、それを貸借対照表で六〇億円と計上したのは、財務諸表の読者の意思決定を誤らせ、やはり虚偽記載だと主張する。しかし、ファースト・マイルは連結子会社なので、キャッツの主たる財務諸表である連結財務諸表上では消去されており、六〇億円の取得原価が計上されているのは従たる財務諸表の個別貸借対照表である。しかも、主たる財務諸表の連結財務諸表には、ファースト・マイルの純資産が六億五〇〇〇万円どころか六〇〇〇万円しかない旨が注記されている。企業会計原則に忠実に事実をありのままに表示することの財務諸表のどこが虚偽記載になるというのか?

しかし、弁護側が本件甲号証に同意している中で、このような弁明は何の意味もない。キャッツ粉飾決算事件は最高裁まで行って有罪が確定したのだから、キャッツの二〇〇二年六月中間期及び同年一二月期の財務諸表が粉飾であることは法的に確定している。しかし、司法がなんと言おうと、これらの財務諸表が適正であったことは、私の心の中で、今現在に至るまで微塵も揺るぎない。

4　故意の反証

今にしてみれば思い当たる節がある。起訴後一カ月半ほどした頃、検察官による証拠開示が行われ、拘置所内の独房に甲号証と乙号証が段ボール三箱分ほど運び込まれた。

接見に来た弁護士は、こんなことを言った。

「細野さん、証拠の同意・不同意を決めなければなりません。まあ、差し入れた甲号証の一冊目は登記簿謄本など客観証拠ばかりですから、普通、これは不同意にしません。すべて同意したいと思います。しかし、二冊目以降は事件関係者の供述調書なので、これを同意すると無罪は取れません。しかし、すべて不同意とすると、それだけ保釈が出にくくなり勾留が長引きますので、事件の客観的な事項だけを同意して、主観部分はすべて不同意としたいと思いますが、どうですか？　細野さんも、その観点で差し入れた開示証拠をしっかり見てください」

この時、私は刑事司法における同意・不同意ということがよく分かっていなかった。しかし、私に否やのあるはずもなく、私は、

「すべて、先生にお任せします」

と言った。接見室から帰って独房で二冊目以降の関係者の膨大な供述調書を丹念に読み始めたが、一冊目はぱらぱらと見て金融商品会計基準の全頁コピーが入っているなと思った程度で、これをしっかり見ることなどなかった。そのコピーに恐ろしい捜査報告書が添付されていることも気が付かなかった。これが運命の甲号証同意になった。

弁護方針を巡っては弁護士と意見が合わなかった。私は、何度も弁護士に、

「私は、キャッツの経営陣と共謀などしていませんが、共謀以前に、問題とされる財務諸表は適正なのです。適正な財務諸表を指導するのは共謀とは言わないでしょう。だから、まず財務諸表の適正性を強く争いたい」

と主張した。

しかし、弁護士は、

「うーん、そういう主張ができるものかどうか……。証拠構造上考えてみなければいけません。まあ、考えてみますけどね……」

と答えるばかりで、実際には、一審東京地裁の公判で粉飾決算の犯罪事実そのものが争われることはなかった。今にして思えば、捜査報告書を同意しているので、そんな主張はできなかったのである。二〇〇六年三月二四日、私は、東京地方裁判所において懲役二年執行猶予四年の有罪判決を受けた。

控訴審が始まるに際し、私は弁護団に、

「一審はよくやっていただいたと思います。しかし、控訴審では私のやりたいようにやらせてください。私は、今度は言いたいことを言います。それはやめた方が良いと言われても言います。言いた

いことも言えずに有罪になるのは私だからです」

と宣言した。

控訴審では、キャッツ経営陣三名全員が、私の粉飾指導などなかったとする涙の逆転証言を行った。この逆転証言のなかで、彼らの一審での証言は検事から証言内容を丸暗記させられたもので、四〇回のリハーサルが行われたとして、そのリハーサル日の記載のある手帳が証拠提出された。私のアリバイが出て、検察官が粉飾決算の共謀が行われたとする会議に私が出席していないことが分かった。私が粉飾指導の謝礼金としてもらったとされる現金の帯封番号の銀行照会が行われ、この現金が粉飾決算とされる時期とは無関係の時に授受されたものであることが分かった。問題となる会計処理は適正であるとする関西学院大学の意見書が提出された。

私は無罪を確信したが、二〇〇七年七月一一日、東京高等裁判所は私の控訴を棄却した。本件甲号証の同意で粉飾決算を争わないとしている以上、故意をいくら争っても駄目なのである。

共謀の日の私のアリバイにしたところで、東京高等裁判所は、

「被告人が会議に出ていなくとも、被告人とコンサルタントが共謀し、そのコンサルタントが会議に出てキャッツ経営陣と共謀すれば、被告人の故意は認定できる」

とやってくれた。順次共謀である。粉飾決算であれば公認会計士は何をしても免責されない。粉飾の犯罪事実を争わなければお話にならないのである。

控訴審でキャッツ経営陣の逆転証言が相次いだ頃、裁判所から送付された証言録を見ていた弁護団が、

「……これは典型的な引き込み犯ですね」

と言ってお互いの顔をまじまじと見合わせていたことがある。キャッツの経営陣が（自分たちの）株価操縦事件での罪状をよくするため、無実の私を粉飾決算事件に引きずり込んだというのである。今さら何を言っているのか。そんなことは私が最初から口を酸っぱくして何度も言ってきたことではないか。この人たちは私の無実を信じて私の弁護をしていたわけではない。愕然とした。

ただし、弁護士は、そもそもが、被告人から金をもらって弁護をすることを職業としているわけで、何も被告人の無実を信じるからこそ弁護をしているわけではない。その後私は、数多くの経済事件の刑事事件を支援することがあったが、その中で被告人の無実を信じて弁護活動を行う弁護士に出会うことなどほとんどなかった。今の世の中、

「被告人と信頼関係が構築できない刑事弁護は受任しない」

という弘中惇一郎弁護士が絶滅型希少品種なだけで、だからといって、私の弁護団が職業倫理に悖るというわけではないと思う。

控訴審敗訴直後の二〇〇七年八月一三日、家内が白血病で亡くなった。失意の中で、私は最高裁に上告した。上告審審理中の二〇〇八年七月一八日、長銀粉飾決算事件に対して最高裁逆転無罪判決が出た。同じく、上告審審理中の二〇〇九年一二月七日、最高裁は日債銀粉飾決算事件の高裁差戻し判決を出した。この最高裁判決には古田佑紀最高裁裁判官による次の補足意見が付いている。

有価証券報告書の虚偽記載を処罰する趣旨は、これが、証券取引市場において、会社の財務状

態に関し、投資者等の判断を誤らせるおそれがあることにある。そうすると、有価証券報告書の一部をなす決算書類に虚偽があるかどうかは決算処理に用いたとする会計基準によって判断されるべきところ、金融機関の決算処理は決算経理基準に従って行われることが求められており、本件日債銀の決算書類においても、銀行業の決算経理基準に基づく償却・引当基準に従った旨が記載されている。そこにいう決算経理基準は改正後の決算経理基準であることは明らかであるから、本件決算についてはこれに従って判断すべきことになる。しかしながら、貸付金の評価については、同基準において回収の可能性に関する具体的な判断方法が示されておらず、これを補充するものとして位置付けられていた資産査定通達においても税法基準の考え方によって評価をすることが許容されていたといえるという意味において、これを唯一の基準ということはできないと考える。なお、税法基準の考え方によって評価することが許容されていたとしても、その方法等が税法基準の趣旨に沿った適切なものでなければならないことはもとよりである。

古田裁判長は、「有価証券報告書の一部をなす決算書類に虚偽があるかどうかは決算処理に用いたとする会計基準によって判断されるべき」と述べている。私の期待はいやが上にも高まったが、二〇一〇年五月三一日、最高裁は私の上告を棄却した。「有価証券報告書の一部をなす決算書類に虚偽があるかどうかは決算処理に用いたとする会計基準によって判断されるべき」かもしれないが、私は、本件甲号証の同意により、虚偽記載の犯罪事実を争っていないことになっている。

5　経済事件に再審なし

粉飾決算事件は、殺人・強盗・傷害・窃盗などの一般刑事犯と異なり、指紋・凶器・遺棄死体等の物証が存在しない。目撃者もいない。粉飾決算は経済犯罪なので、そこには金という物証があるというかもしれないが、粉飾決算では、その金が売上による金なのか、人に借りた金なのか、その金の意味合いこそが問題となるのであり、物理的な貨幣そのものには意味がない。

粉飾決算に物証が存在しないということは、粉飾決算事件において再審無罪があり得ないことを意味する。近時のＤＮＡ鑑定技術の飛躍的向上により、日本においても、有罪判決の確定した事件で再審無罪となる事例が出てきた。一九九〇年に起きた足利事件は、事件発生二〇年後の二〇一〇年に再審無罪判決が出た。一九九七年に起きた東電ＯＬ殺人事件は、事件発生一五年後の二〇一二年に再審無罪判決が出ている。一九六六年に起きた袴田事件は、事件発生四八年後の二〇一四年に再審開始決定が出たものの、検察官の即時抗告を受けて現在審理中ということになっている。

日本では、太平洋戦争後、二一件の事件が再審を認められたが、その中に、粉飾決算事件あるいは経済事件はただの一例もない。再審請求には、新たなＤＮＡ鑑定など無実となる新証拠の明白性が求められるが、そもそも経済事件には物証がないので、再審請求は理論上不可能なのである。経済事件は「お話の犯罪」なので、お話に物証がない以上、再審請求に値する明白な新証拠などあるわけがない。私には再審請求の道がない。

粉飾決算事件で逮捕勾留された私は、保釈後現在に至るまで、粉飾決算研究を続けている。やらざるを得なかったからである。この間私は、幾多の粉飾決算事件を分析したが、刑事事件化した粉飾決算事件のうち、長銀と日債銀はそもそもが粉飾決算ではなかった。粉飾決算でもないのに下級審が粉飾決算としての有罪判決を出したのは、弁護側が特捜検察の報復を恐れるあまり、粉飾事実を強く争わず、被告人の故意ばかりを争ったからである。このことはすでに述べた。

今また私は、本書の執筆により厚労省村木事件の分析を終え、この事件で無罪が取れたのは、特捜検察の報復を恐れることなく犯罪事実を強く争った結果であることを学んだ。私がキャッツ粉飾決算事件で無罪を取れなかったのは、特捜検察への恐怖と「同意」に対する無知なるが故に、内容虚偽の捜査報告書を同意して粉飾事実を争わなかったからということが分かった。

それでは、長銀・日債銀事件が最高裁逆転無罪を取れて、キャッツ粉飾決算事件で私が上告棄却による有罪確定となったのはなぜかということになるが、それは被告人に対する社会感情の違いによる。長銀・日債銀粉飾決算事件の逆転無罪の背景には、不良債権の後始末をやらされた銀行経営者に対する社会の同情論があったことはすでに述べた。これに対して、一〇〇〇万円もの金をもらってキャッツの粉飾決算指導を行ったとする私の公認会計士像に、社会が共感などするはずがない。

キャッツ粉飾決算事件をニュースで見ると、普通の人は誰でも、公認会計士が金をもらって粉飾決算の指導をしたと思う。しかし、公認会計士とは、そもそもが、会社から金をもらって監査をする職業なのである。私の場合が普通と違うのは、私は粉飾ではなく適正な決算を指導したことと、私はもらった金を監査法人の収入とせず現金のまま持っていたことだけである。

現金で持っていたのは、いつかこの金はキャッツの経営者に返してあげるべき時が来ると思ったからで、現にキャッツ事件が起きて、その金は彼らの手元に返還され、彼らの裁判費用に使われていった。監査法人に入金すれば未来永劫彼らに返してやることなど出来ない。検察官は取調べで金のことを聞き、私はこう答えるのであるが、検察官は決してこれを供述調書にすることはなかった。それどころか、この金が粉飾指導の動機にされた。

私は、受領した現金に巻かれていた帯封番号の銀行照会をするよう求めたが、一審東京地裁では銀行照会は行われなかった。弁護団が、それはリスクが高すぎるとしてやらなかったからである。銀行照会さえすれば、一〇〇〇万円の受領時期が特定され、金の趣旨に関する私の主張の裏付けが取れる。控訴審では、私の「やりたいようにやる宣言」が功を奏し、やっとのことで銀行照会が行われたが、「時すでに遅し」であろう。すでに、一審公判を通じて、「金をもらって粉飾決算を指導する公認会計士」としての印象が社会に焼き付けられている。出来上がった被疑者像の中でいくら私が金の趣旨を説明したところで、社会は聞く耳など持たない。私の説明が少しは社会に聞き入れられるようになったのは、有罪判決後の長い私の著述活動の後のことであり、それもごく最近のことなのである。

有罪無罪の判決は事実の認定により行われ、事実の認定は証拠による(刑事訴訟法第三一七条)。そして、証拠の証明力は、裁判官の自由な判断に委ねられている(刑事訴訟法第三一八条)。これを自由心証主義というが、裁判官の自由心証は、客観的な論理則及び経験則に従ったものでなければならない。ということは、それは一般常識人の合理的心証と変わることがない。だから、最高裁は、裁判が社会の常識と乖離することを何よりも恐れる。すなわち、最高裁も結局のところは世論に動かされるのである。弁護側は、公開の一審事実審公判を通じて、弁護側主張に対する社会の支持を得なければならない。

再審請求の可能性のない私が今さらこんなことが分かっても意味がないと言うかもしれないが、そうではない。この研究成果は、私に、犯罪会計学における前人未踏の研究領域を提供してくれたからである。私はこの研究成果を愛おしく思う。

6 辛い時はここで泣け

二〇〇四年三月九日午前一〇時、東京地検特捜部で逮捕された私は、検察庁の護送車で小菅の東京拘置所に移送された。東京拘置所で素っ裸にされて尻の穴を調べられ、独房に収監された時にはすでに正午をだいぶ過ぎていた。独房にはアルミの食器に盛られた昼食が置いてあったが、私は一口も食べることができなかった。

しばらくして看守がプラスティックの膳を下げに来たので、私は、看守に、

「この後、どうすればいいですか?」

と聞いた。看守は、

「ここでの規則を書いた冊子が置いてあるから、それを読んで、……。まあ、後は正座して座っているんだな」

と言った。私はそうした。

三月初旬の日が落ちるのは早い。日が沈みかける気配が満ちてきた頃、独房の鉄扉が突然大きな音を立てて開いた。見ると、初老の看守がニコニコ笑いながら、

「おい、細野、おまえ大丈夫か?」

と聞いてきた。あれから私は、もう何時間も、独房の壁に向かって身じろぎもせず、ただただ茫然としていたのであろう。

「はあ……」

「おまえ、何をしたんだ?」

「公認会計士としていい仕事をしただけです」

「でも、おまえ、会社から金をもらっていたそうじゃないか」

「だって、それが私の仕事ですから」

「……?」

初老の看守は虚を衝かれたように小さな目を大きく見開き、

「ふーん、すると、あれか? おまえ、否認して闘うのか?」

と言った。私は答えた。

「当たり前じゃないですか」

涙が堰を切ってあふれ出した。

看守は、

「俺らは難しいことは分からないけどな、お前が否認して頑張るって言うんなら、俺たちはあれだ

……、まあ、応援してるから……。

ここには総理大臣も来たことがある。たくさん偉い人が来て、みんな頑張って否認を貫いていったぞ。お前もずいぶん偉かったそうだけど、ここではそれは関係ない。辛い時はここで泣け。接見で出る時とか、外では絶対に泣くな。お前は辛いだろうけど、外で待っている人はもっと辛いんだ。外の人に涙を見せるな。泣くんだったら、ここで泣け」

と言った。

私は涙が止まらなかった。あれから一五年の長い年月が流れたが、私は、あの時の看守の顔を忘れることができない。

7　フロードシューター

一審の検察官による証人尋問が終わる頃、私は保釈となり、一九〇日間勾留された東京拘置所を出ることができた。保釈後、私は、あるジャーナリストの依頼により日興コーディアル・グループの財務諸表を分析し、これが粉飾決算であることを発見した。ジャーナリストはこれを月刊誌に書き、日興コーディアル・グループの粉飾決算は事件になった。この時、すでにカネボウの粉飾決算の会計監査人として社会の批判を浴びていた中央青山監査法人は、日興コーディアル・グループの会計監査人でもあるとして追い詰められ、二〇〇七年七月三一日、解散した。

私は、キャッツ粉飾決算事件の裁判を闘いながら、いろんなジャーナリストが持ち込む決算書を分析し、次々と粉飾決算を暴いていった。その中には日本航空もある。日本航空は会社更生法を申請して倒産する事態となった。

私とすれば、適正なキャッツの決算が粉飾決算と指弾されている以上、

「粉飾決算とはこういうもののことを言うのだ」

と、社会に訴えざるを得なかったのである。いつの間にか、私は、日本でただ一人の刑事被告人兼粉飾決算研究家として、その筋では有名になっていった。

私の粉飾決算研究は、二〇一〇年五月三一日の最高裁の有罪確定後も変わることがなかったが、同年九月一〇日の厚労省村木事件の無罪判決後、いつしか、私は、自分の分析結果を自分の名前でメディアに出すことに何の社会的障害もなくなっていることに気が付いた。この中で、私は、二〇一一年のオリンパス粉飾決算事件を、そして、二〇一五年の東芝粉飾決算事件を分析した。気が付けば、私の粉飾決算研究は足掛け一五年になろうとしていた。

社会には粉飾決算が満ちあふれている。そして驚くべきは、これらの粉飾決算にはそのことごとくに監査法人の適正意見が表明されていることである。私は、粉飾決算を発見するたびに監査法人を激しく攻撃した。しかし、いくら監査法人の無能・怠慢を批判してみても粉飾決算は収まることがなく、公認会計士業界の自浄作用もまったく機能しなかった。粉飾は巨額・悪質化していくばかりで、私は止め処ない徒労感を覚えた。

私が、犯罪会計学の研究に専念するようになったのは、ちょうどこのような時だったのである。この半年ほど前から、私は、郵便不正事件の裁判記録の分析を始めていた。郵便不正事件の裁判記録を

読み解きながら、私は、あの時の看守の顔を思い出していた。あの時の看守の虚を衝かれたような顔が何度も頭をよぎった。

オリンパスや東芝の粉飾決算事件を見て分かるように、企業から莫大な監査報酬をもらって行う日本の公認会計士監査は機能しない。これらの粉飾決算事件が発覚するたびに、その粉飾財務諸表に適正意見を出し続けてきた監査法人は強い社会的批判を浴びるが、ここで少し冷静になって考えてみれば、上場会社の財務諸表適正性の監視機能をその上場会社からの報酬で生計を立てている監査法人だけに負わせるのは、人の情として、あまりにも酷なように思う。

欧米では、だから、財務諸表危険度分析を多くの民間団体が行っていて、監査法人を含む多元的な上場会社の財務諸表適正性監視体制が社会全体として機能している。公認会計士監査が機能しないので、社会は、だからといって官に頼ることはせずに、民間の力で財務諸表危険度分析を行って財務情報の自己防衛を行うのである。

私は、犯罪会計学研究に専念できる今こそ、企業から一円の金ももらわない財務諸表危険度分析を組織的に行うべきだと思った。組織的と言っても、近年のＩＴ技術の飛躍的向上のおかげで、財務諸表危険度分析はコンピューターにやらせることができる。私は、自分が過去一五年間手作業でやってきた粉飾財務諸表の分析手順をアルゴリズム化し、ＩＴプログラマーを雇って財務諸表危険度の解析ソフトを開発することにした。

出来上がったソフトの威力は凄まじく、私が過去一カ月かけて分析した財務諸表危険度分析が、このコンピューターソフトでは二〇秒でできる。一社二〇秒でできるが、一〇〇社でも二〇秒でできる。

コンピューターなので解析対象会社の絶対数は関係がない。これを聞きつけた雑誌の記者が、このソフトのことを記事にするのに名前がないと困ると言うので、フロードシューターと命名した。粉飾発見器(Fraud Shooter)という意味になる。

犯罪会計学は実験科学なので、粉飾決算の分析実験は犯罪会計学の理論を進化させていく。フロードシューターによる圧倒的に豊富な実験データは、いくつもの犯罪会計学上の一般理論を生み出してくれた。キャッツ粉飾決算事件は、私からかけがえのないものを奪っていったが、この国に犯罪会計学とフロードシューターを与えてくれた。歴史の英知に深く瞑するものがある。

第11章　日産自動車カルロス・ゴーン事件

1　有価証券報告書虚偽記載罪

二〇一八年一一月一九日午後、仏ルノー・日産自動車・三菱自動車の会長を兼務していたカルロス・ゴーン氏は、自家用ジェット機で羽田空港に入国するやただちに空港内で東京地検特捜部に任意同行を求められ、同日夕刻、そのまま逮捕された。日産の代表取締役であったグレッグ・ケリー氏も同日ほぼ同時刻に逮捕されている。

逮捕事由は、日産自動車の二〇一一年三月期から二〇一五年三月期までの五事業年度において、カルロス・ゴーン元会長の役員報酬が実際には九九億九八〇〇万円であったところ、これを四九億八七〇〇万円として虚偽の有価証券報告書を五回にわたり関東財務局に提出したという金融商品取引法違反(有価証券報告書虚偽記載罪)容疑である。対象期間の日産自動車の有価証券報告書には、代表者の役職氏名として、「取締役社長　カルロス　ゴーン」と記載されている。

その後の新聞報道によれば、過少計上額五〇億円はゴーン元会長の役員報酬の先送り額で、ゴーン元会長は、高額報酬との批判を避けるため、先送りした報酬を退職後の顧問料などの名目で受け取ることを計画していたという。

役員に対する将来給付が現時点における役員報酬に該当するかどうかは、企業会計原則における発生主義の原則により判断される。企業会計原則上、将来給付が費用計上されるためには、その将来給付は、

①原因事実の発生、
②支払額の合理的見積もり、
③支払の蓋然性、

という三つの要件のすべてを満たしていなければならない。

先送り報酬をゴーン元会長の日産再建という過去の功績に対する後払い報酬と考えると、ここでの五〇億円は支払が将来になっただけのことで、支払の原因となる事実はすでに発生している。先送り報酬を役員報酬として計上するための第一要件は満たされていることになる。

ところが、ゴーン元会長は、先送りした報酬を退職後の顧問料などの名目で受け取るつもりだったという。そうすると、先送り報酬支払の原因となる事実は、ゴーン元会長が将来日産に提供する(競業避止を含む)顧問業務にあることになる。先送り報酬の原因事実は将来にあり、決算期末時点には発生していない。この場合、第一要件は満たされない。要するに、ゴーン元会長に対する先送り報酬が

発生していたかどうかは、事実認定の問題ということになり、現段階ではどちらとも言えない。

そこで、発生主義の第二要件を検討すると、先送り報酬は取締役会の承認を得ていないものの、金額を明示した文書が残されている。第二要件の「支払額の合理的見積もり」は問題なく満たされている。一方、第三要件の先送り報酬の支払の蓋然性は高いとは言えない。なぜなら、この手の超高額役員給付は、たとえ現時点においていくら明示的に決定されていても、実際には支払われないことが多いからである。

役員に対する超高額将来給付は、ほぼ例外なく、企業の業績好調期に決定される。ところが、一〇年後にいざこれを支払う段になると、その企業の業績は低迷していることが多い。企業のビジネスモデルの耐用年数が短くなっているのである。今現在儲けの出ているビジネスモデルは、そのままの形では、社会変化の激しい中長期において通用しない。過去の業績好調期に決定された超高額役員給付は、将来の業績低迷期には、支払いたくとも支払えない。

役員に対する超高額将来給付はその時点の権力者によって決定される。ところがこれを支払うのは、その時点の権力者ではなく、将来の権力者なのである。その時、支払決定時の権力者は退職しすでに権力を失っている。この場合、新権力者が旧権力者の決定した超高額給付を支払うというのは、自分の在任中の会社の業績を悪化させるだけのことで、何のメリットもない。すなわち、超高額将来給付が本当に支払われるためには、旧権力者は、退任後といえども会社に対して強い支配力を維持していなければならない。

ゴーン元会長は、自分の退職後における強い影響力の保持を夢見ていたであろうが、ゴーン元会長は、発行済株式総数四二億二〇七二万株の日産自動車の株を三百万株持っていただけのことで、その持株比率は〇・〇七％に過ぎない。どのような画策を行おうが、一旦日産自動車をやめてしまったら、ゴーン元会長がその権力を維持することは不可能に近かったのである。超高額役員報酬がその後実際に支払われるというのは、退職後の権力維持が持株により保証されたオーナー経営者に限られた現象で、サラリーマン経営者にこの力学は通用しない。

企業会計原則の発生主義の原則に基づく客観評価を行う限り、ゴーン元会長が五〇億円の先送り報酬を手にする蓋然性は極めて低かったと判断すべきであろう。現に、日産も、この期に及んで、ゴーン元会長の先送り報酬五〇億円など支払おうとしないではないか。

ゴーン元会長に対する先送り役員報酬に関しては、報酬が文書で残されており、その金額が確定的であったことを理由として、だからということで、有価証券報告書における開示義務があったとする非会計的論調がある。しかし、企業会計原則には、金額が確定的で文書化された将来給付が引当計上されるべきなどとはどこにも書かれていない。

本件では、有価証券報告書における開示額の算定基準が問題とされている。日債銀事件の最高裁判決（二〇〇九年一二月七日）における古田裁判長の補足意見には、「有価証券報告書の一部をなす決算書類に虚偽があるかどうかは決算書類に用いたとする会計基準によって判断されるべき」と記載されている。

有価証券報告書における開示が求められる「総額一億円以上の役員ごとの連結役員報酬等の総額」は「有価証券報告書の一部をなす決算書類」そのものではないが、求められる開示額は「連結役員報酬等の総額」と会計的定義がされている。その算定基準が会計基準にあることは自明であり、その会計基準とは連結財務諸表等規則並びに「企業内容等の開示に関する内閣府令」のことをいう。これらの会計基準は企業会計原則を基準化したものに他ならない。

以上、企業会計原則上の発生主義の原則に従う限り、ゴーン元会長の先送り報酬五〇億円は有価証券報告書において開示すべき役員報酬には該当しない。すなわち、ゴーン元会長の逮捕事由である有価証券報告書虚偽記載は根拠がない。

2 SAR報酬

ゴーン元会長逮捕後のマスコミ報道により、①本件捜査が日産側の内部通報に基づくものであったこと、②ゴーン元会長の逮捕に際しては日産側執行役員らに司法取引が適用されていること、③日産側にはルノーとの日仏連合に関する内紛があったこと、が分かっている。これは東京地検特捜部による日産自動車の内紛に対する民事介入ではないか。

特捜検察は、二〇一〇年九月の厚生労働省村木厚子元局長の無罪判決とその後の大阪地検特捜部の証拠改竄事件により、国民の信頼を失って久しい。その後雌伏八年間にわたり威信回復を狙っていたところ、今回日産の内部通報と全面協力により、ゴーン元会長逮捕という起死回生の一打を放つことができた。

本件カルロス・ゴーン事件で奇異なのは、ひとたびゴーン元会長に同情的な記事がマスコミに出ると、すかさず、ゴーン元会長の悪性を印象付ける日産自動車側内部情報が報道されることである。特捜検察は事件の捜査情報を外部に漏らさないことになっているので、これらの内部情報は日産自動車内反ゴーン経営陣一派のリークによるものと考えるしかない。日産自動車側現執行部とすれば、特捜検察の虎の威を借りてやっとのことでカルロス・ゴーン元会長を追い出したというのに、いまさらゴーン元会長が無罪になったのでは目も当てられないということであろう。

これらゴーン元会長の会社私物化内部情報のうち、役員報酬に関連するものは次の二点である。

- 日産自動車は、二〇〇三年六月の株主総会で、役員報酬としてストック・アプリシエーション権（ＳＡＲ）と呼ばれる株価連動型インセンティブ受領権の導入を決定し、ゴーン元会長は二〇一一年三月期以降、合計四〇億円分のＳＡＲを得ながら、その報酬額が有価証券報告書に記載されていない。
- ゴーン元会長はオランダの子会社から二〇一七年まで年間一億～一億五〇〇〇万円程度の報酬を受け取っていたが、これが有価証券報告書に記載されていない。

ＳＡＲは、基準株価からの株価上昇に対してインセンティブを与える報酬制度である。類似の報酬制度にストック・オプションがあるが、ストック・オプションは、取締役に一定の権利行使価格で自社株を買い取る権利を与える報酬制度のことをいう。ストック・オプション制度の下で株価が上昇した場合、取締役は（株価上昇前の）権利行使価格で自社株を買い取り、これを市場で売却することにより、権利行使価格からの値上がり相当分を利益として受け取ることができる。オプション（選択権）なので、株価が下落した場合は権利行使をしなければいい。このように、ＳＡＲにおける報酬は会社から支払われるのに対して、ストック・オプションの報酬は資本市場がこれを支払う。

ストック・オプションの場合は、会社は、一旦権利行使価格さえ決定しておけば、権利行使を行うかどうかは取締役の勝手で、オプション株の市場売却による利益確定について会社が介在する必要がない。これに対して、ＳＡＲの場合は、基準株価からの値上がり差額に基づく報酬額の決定と支払は会社が行わなくてはならない。すなわち、ＳＡＲは、基準株価の決定、報酬額の決定、報酬の支払という三段階において会社の決定が必要であり、このうちの一つが欠けてもＳＡＲは機能しない。

そこで、ゴーン元会長に対するＳＡＲを検討すると、日産自動車は、二〇〇三年六月の株主総会でＳＡＲの導入を決定し、二〇一一年三月期以降、合計四〇億円分のＳＡＲを確定させながら、その報酬額は有価証券報告書に記載されていないという。ならば、ゴーン元会長は四〇億円分のＳＡＲ報酬をもらっていないのである。なぜなら、四〇億円分のＳＡＲ報酬は現金で支払われるので（貸方）、支払われたとすれば、複式簿記原理に基づき、必ず損益計算書に役員報酬として計上されている（借方）からである。

ということは、日産自動車のＳＡＲは、制度としては二〇〇三年に導入されたにもかかわらず、実際には報酬の支払が行われておらず、形骸化して機能していなかったということになる。形骸化して支払実績もないＳＡＲ報酬の将来における支払の蓋然性はゼロに近い。本件ＳＡＲもまた、有価証券報告書において開示すべき役員報酬には該当しない。

次に、ゴーン元会長が年間一億〜一億五〇〇〇万円程度を受け取っていたという報酬の支払会社は、アムステルダムの投資会社ジーア社のことである。日産自動車はジーア社に六〇億円の出資をしている。日産のオランダにおける連結子会社には資本金一九億ユーロのニッサン・インターナショナルホールディングスＢＶ社があるが、ジーア社は日産自動車の連結対象子会社ではない。非連結子会社から得た役員報酬は内閣府令が定める連結役員報酬に該当しない。

3　会社私物化情報

マスコミで報道されたゴーン元会長に対する役員報酬以外の会社私物化内部情報は、おおむね次のようなものである。

- ベイルートとリオデジャネイロの二一億円に上る高級住宅
- リオデジャネイロの六〇〇万円のヨットクラブ会員権
- 姉や知人に対する数千万円の報酬

ここで、ベイルートとリオデジャネイロの二一億円の高級住宅疑惑は、ゴーン元会長が海外子会社（ジーア社）に自宅として海外の高級住宅を購入させていたというものである。日産自動車は、二〇一〇年頃、ジーア社の資金を使って、リオデジャネイロの五億円超のマンションとベイルートの高級住宅を相次いで購入し、いずれもゴーン元会長に無償で提供された。購入費に加え、維持費や改装費も日産自動車が負担し、その総額は二〇億円超になるという。

しかし、ここで問題とされている海外の高額マンションの購入は、日産自動車が資産を買って、それをゴーン元会長が専属的に使用していたというだけのことに過ぎない。そこには損失が発生しておらず、したがって、これは会計上の役員報酬とはならない。

ゴーン元会長の住居は他にもパリとアムステルダムがあるが、パリやアムステルダムでは日産の別の子会社などが、ゴーン元会長の自宅用物件として、高級マンションを購入あるいは賃借したが、ゴーン元会長が負担すべき家賃について一部が支払われていなかった疑いがあると報道されている。このほか、ゴーン元会長が家族旅行の費用など数千万円を日産自動車に負担させていた疑いもあるという。これらゴーン元会長あるいはゴーン元会長の親族に対する利益供与疑惑は論じることさえ馬鹿馬鹿しい。

会社は、社員に借り上げ社宅を提供し、あるいは、福利厚生として社有保養所や提携旅行会社の格安パッケージツアーなどを提供することがある。これらは社員が家族で利用することを当然の前提としている。福利厚生において一般社員と幹部社員の待遇に差をつけるのもよくある話で、欧米では一般社員と幹部社員が同じ社員食堂で食事をするという社会習慣がない。日本の国会議員会館には一般用食堂と国会議員用食堂があるが、国会議員用食堂は国会議員が同伴すれば家族どころかその知人でも食事ができる。

姉や知人に対する数千万円の報酬は、それが日産自動車に対して何らの役務提供のないまま受領している場合に限り問題となる。ところが、これらの疑惑は、報酬受領者の弁明を聞くことなく一方的に報道されている。マスコミ各社は、彼らが役務提供の事実を示して、名誉棄損の損害賠償訴訟を起こせばどうするつもりか？　こんなものは芸能界ゴシップもどきの噂話の類に過ぎない。

なるほどゴーン元会長は日産自動車から巨額の経済的便益を受けていたのであろう。しかし、巨額の経済的便益を受けていたことと有価証券報告書虚偽記載罪は何の関係もない。マスコミ報道は、「地に堕ちたカリスマ経営者」、「独善」、「許せない」、「私腹を肥やす」など、ゴーン元会長の人格攻撃一色となっている。特捜検察による逮捕とそれを支持するマスコミ世論の背景には、ゴーン元会長が得ていた報酬の絶対額に対する妬みがある。

そもそも日産自動車は、一九九九年、二兆円の有利子負債を抱えて倒産寸前だったではないか。日産自動車が現在あるのは、ルノーが六四三〇億円の救済資金を資本投下するとともに、ゴーン元会長を日産再建のために送ってくれたからである。現在の日産の株式時価総額は約四兆円であり、ゴーン元会長がいなければ、日産自動車は今その存在そのものがない。

普通M&Aの成功報酬は買収額の三～五％が相場となっている。ゴーン元会長は日産自動車から二〇〇〇億円（＝日産自動車時価総額四兆円×成功報酬手数料五％）程度の報酬をもらってもおかしくない。これを日本型村社会の分配法則で考えるからおかしくなるだけのことで、日本社会は、これがグローバル・スタンダードであることを理解しなければならない。それをたかが五〇億円とか一〇〇億円の役員報酬で大騒ぎして、挙句の果てにはゴーン元会長の逮捕までしてしまった。いつから日本人はこんな恩知らずになったのか？

4　同一容疑での再逮捕

検察官が容疑者を逮捕すると逮捕に伴う四八時間の勾留が認められる。その後、検察官は、起訴前勾留（刑事訴訟法第二〇八条第一項）により被疑者を一〇日間にわたり取り調べるが、この起訴前勾留はさらに一〇日間延長（刑事訴訟法第二〇八条第二項）することができる。刑事司法の世界では、勾留一〇日後の延長を「勾留折り返し」といい、さらに一〇日後の勾留期日を「勾留満期」という。特捜検察は二二日間にわたり被疑者を勾留することができる。

ゴーン元会長の場合は、逮捕が二〇一八年一一月一九日のことなので、その二二日後の勾留満期は一二月一〇日ということになるが、なんと、この日ゴーン元会長は、東京拘置所内において、一一月一九日と同じ金融商品取引法違反（有価証券報告書虚偽記載罪）容疑で再逮捕された。同時に、東京地検特捜部は、ゴーン元会長と法人としての日産自動車を有価証券報告書虚偽記載罪で起訴した。

ゴーン元会長の一回目の逮捕は、二〇一一年三月期から二〇一五年三月期までの五事業年度の役員報酬五〇億円の不記載容疑であったが、今回の逮捕は、二〇一六年三月期から二〇一八年三月期までの三事業年度の役員報酬四二億円の不記載容疑である。二つの容疑は対象期間と金額が違うだけで犯罪構成要件に変わりはないが、ゴーン元会長の被疑事実に対する法的立場はまるで違う。二〇一六年三月期から二〇一八年三月期までの三事業年度の日産自動車の有価証券報告書には、代表者の役職氏名として、「取締役社長　西川廣人」と記載されているからである。

もとより、有価証券報告書虚偽記載罪は、「有価証券報告書に記載された重要な事項につき虚偽の記載のあるものを提出した者」に対して刑罰(金融商品取引法第一九七条第一項第一号)が定められている。ここで、二〇一一年三月期から二〇一五年三月期までの五事業年度における日産自動車の代表者はゴーン元会長なので、ゴーン元会長が有価証券報告書の提出義務者代表として虚偽記載容疑で逮捕されるのは金融商品取引法の規定に合っている。しかし、二〇一六年三月期から二〇一八年三月期までの三事業年度は違う。

本件二回目の有価証券報告書虚偽記載罪が成立するとすれば、その主犯は西川廣人現社長になるはずで、ゴーン元会長はその共犯者あるいは幇助犯ということになる。特捜検察は、今回第二回目の逮捕において、正犯容疑者を逮捕することなく共犯あるいは幇助犯容疑者だけを逮捕した。

西川廣人現社長は本件司法取引の対象者ではないが、本件の発端となった内部告発を支える日産自動車内反ゴーン一派の中心人物である。特捜検察は、ゴーン元会長に対する逮捕容疑の証拠のほぼすべてを日産自動車からの内部情報に依存している。すなわち、特捜検察と西川廣人現社長は共存関係にあり、だから、本件第二回目の虚偽記載における主犯が西川現社長であるとしても、だからといって、西川現社長を逮捕することができない。特捜検察は、一民間自動車会社の内紛に刑事司法をもって介入したばかりに、秋霜烈日たるべき法の適用を自ら歪めてしまった。

5　特別背任

二〇一八年の年の瀬も押し迫った一二月二一日、東京地検特捜部は、カルロス・ゴーン元日産自動車会長を会社法の特別背任罪容疑で再々逮捕した。ゴーン元会長の逮捕は、一一月一九日の有価証券報告書虚偽記載罪容疑での一回目の逮捕、一二月一〇日の有価証券報告書虚偽記載罪容疑での二回目の逮捕に続く三回目である。

東京地検特捜部は、一二月一〇日の二回目の逮捕にともなう一〇日間の勾留期間が一二月二〇日に勾留満期となったため、慣例に従い、当然のことのようにさらに一〇日間の勾留延長を申請したところ、東京地方裁判所は「前の事件と争点及び証拠が重なる」として勾留延長を却下した。この日、ゴーン元会長は保釈される可能性が高かったのである。やむなく、東京地検特捜部は、急遽ゴーン元会長の特別背任罪での逮捕に踏み切った。これを受けて、東京地裁は、一二月二三日、ゴーン元会長の勾留を決定した。

ゴーン元会長は、二〇〇六年以来、個人金融資産の管理運営を新生銀行に委託していたところ、二〇〇八年一〇月、リーマンショックに伴う急激な円高により、自身の資産管理会社が新生銀行と締結していた通貨スワップ契約に巨額の損失を抱えることになった。この含み損に対して、新生銀行が担保不足による追加担保の提供を要請したところ、ゴーン元会長はこれを拒否し、契約自体を日産に付け替えるよう指示した。

新生銀行側は、日産への契約移転には取締役会の決議が必要と指摘し、これを受けて、ゴーン元会長の意を受けた当時の秘書室長は、損失付替えの具体的な内容については明らかにせず、「外国人の役員報酬を外貨に換える投資」について秘書室長に権限を与えるという形をとって取締役会の承認決議を得た。この取締役会の決議を受けて、新生銀行は契約移転に応じることとし、二〇〇八年一〇月、約一八億五〇〇〇万円の評価損を含む通貨スワップ契約は日産自動者に移転された。これが特別背任における第一の被疑事実である。

その後、証券取引等監視委員会は、新生銀行の関連会社に対する検査を通じてゴーン元会長の損失付替えを把握し、「本件での日産自動車側取締役会決議にはコンプライアンス上の重大な問題がある」として是正を求めた。また、同じ頃、日産自動車の会計監査人である新日本監査法人も会計監査の過程で本件損失付替えを把握し、「会社が負担すべき損失ではなく、背任に当たる可能性もある」と日産側に指摘した。

外部からの相次ぐ指摘を受けて、ゴーン元会長は本件通貨スワップ契約を自身の資産管理会社に再移転することにした。この際、巨額の評価損に対応する追加担保が必要になったが、サウジアラビアの知人が外資系銀行発行の約三〇億円分の「信用状」を新生銀行に差し入れたため、ゴーン元会長は追加担保の提供を免れることができた。

その後、ゴーン元会長は、この知人が経営する会社の預金口座に、中東での販促などを担当しているアラブ首長国連邦の子会社「中東日産」の口座から、二〇〇九年六月から二〇一二年三月にかけて、三億~四億円ずつ全四回にわたり、合計一四七〇万ドル(約一六億円)を販売促進費名目で振り込ませた。資金は、「CEO Reserve」と呼ばれる日産の最高経営責任者直轄の費用枠から捻出されている。これが特別背任における第二の被疑事実である。

ゴーン元会長は、損失付替えについては、結果的に契約を再移転していることなどから、「日産の損失はなく、背任には当たらない」と主張。また、知人への支払は、サウジアラビア政府や王族へのロビー活動あるいは現地販売店と日産との間で生じていた深刻なトラブルの解決の協力など「日産のための仕事をしてもらっていた」と説明し、正当な業務の対価だったと主張している。

6　通貨スワップ契約

ゴーン元会長の特別背任容疑の原点は、個人資産管理会社が新生銀行と締結していた通貨スワップ契約にある。通貨スワップ契約とは、元来は、特定の外貨を直物で買う（売る）と同時に同額の外貨を先物で売る（買う）一対の外国為替契約のことをいうが、現在では、将来の外貨でのキャッシュフローを交換する取引として広く定義されている。

この時代、外資系金融機関を中心に通貨スワップ契約を組み込んだ金融商品が数多く開発され、富裕層に対して積極的に販売されていた。この手の通貨スワップ内蔵型金融商品は、顧客から預かる一定の証拠金にレバレッジを利かして、その数倍の通貨スワップ契約を締結する形態となっている。

二〇〇八年九月のリーマンショックにより、安全通貨とされる日本円への資金逃避が起き、ドル円レートは二〇〇八年九月の一〇八円から二〇〇九年二月の八九円まで一気に一九円幅（一七・六％）の円高となった。ゴーン元会長の通貨スワップ契約は約一八億五〇〇〇万円もの評価損を抱えることになったというのであるから、その想定元本は少なくとも一〇五億円（＝一八億五〇〇〇万円÷一七・六％）以上でなければならない。

この通貨スワップ契約に対してゴーン元会長が差し入れていた証拠金の額は不明ではあるが、ここで適正レバレッジを三倍と考えると、ゴーン元会長に求められる必要証拠金は三五億円（＝一〇五億円÷三倍）ということになる。おそらくゴーン元会長はこの通貨スワップ契約に対していくばくかの証拠金を差し入れていたのであろうが、これがリーマンショックにより一八億五〇〇〇万円の評価損となったので追加証拠金（追証）が発生したのである。

新生銀行はゴーン元会長に追証の拠出を求めたものの、ゴーン元会長はそれを拒否し、契約自体を日産に付け替えることにした。契約当事者が日産自動車ということであれば、証拠金の不足があろうが新生銀行に否やはない。こうして、本件通貨スワップ契約は一八億五〇〇〇万円の評価損のまま日産に付け替えられたが、その時の会計仕訳は次頁**上の表**のようなものとなる。

本件通貨スワップ契約の日産への付替えは二〇〇八年一〇月のこととされているが、その時の会計処理では、ここで発生していたとされる一八億五〇〇〇万円の評価損は認識されることはない。通貨スワップ契約の含み損が認識されるためには、日産自動車の決算期における会計処理を待たなくてはならない。日産自動車の二〇〇九年三月期末において本件通貨スワップが未決済となっていた場合、デリバティブ値洗い（時価での再評価）による次頁**下の表**の決算整理仕訳が必要とされる。

本件通貨スワップ契約は二〇〇九年一月にはゴーン元会長の資産管理会社に再移転されたという。ならば、日産自動車は、評価損を認識すべき二〇〇九年三月期末を迎えることなく通貨スワップ契約を再移転したのだから、その受入から再移転までのすべての期間において、一八億五〇〇〇万円の評価損を認識しておらず、認識するすべもなかった。ゴーン元会長は、本件スワップ契約の付替えにつ

（借方）デリバティブ債権　$97,222,222
（貸方）デリバティブ債務　¥10,500,000,000
想定元本105億円÷契約時レート108円＝97,222,222米ドル

（借方）デリバティブ債権　¥8,652,777,758
　　　　デリバティブ評価損　¥1,847,222,242
（貸方）デリバティブ債権　$97,222,222
ドル債権$97,222,222×直物レート@89円＝円債権¥8,652,777,758

き、「日産に実損はない」と抗弁しているとのことであるが、事実は、実損がなかったどころか、日産には会計上の損失が認識できなかったのである。

ところで、ゴーン元会長が通貨スワップ契約を締結して一八億五〇〇〇万円の評価損を日産自動車に付け替えたと言うと、ゴーン元会長が自分の出した投機損失を日産自動車に肩代わりさせたような印象を受けるかもしれないが、それは違う。ビックリするかもしれないが、ゴーン元会長はこの通貨スワップ取引で損などしていない。なぜなら、ゴーン元会長はドル買い円売りの通貨スワップ契約を自分の円建てエクスポージャー（円建て資産と円建てキャッシュフロー）のヘッジ目的で契約しているからで、そこで通貨スワップ契約に一八億五〇〇〇万円の評価損が出たということは、ゴーン元会長が有する円建てエクスポージャーにはそれと同額一八億五〇〇〇万円の評価益が出ているに違いないからである。

ゴーン元会長はドルを基軸通貨として生計を営む外国人であり、日産自動車からの報酬もドルで受け取ることを希望していた。しかし、日産自動車が円払いしかできないと言うので、やむなく、通貨スワップ契約により日産からもらう円資産をドルヘッジしただけのことである。新生銀行は、ゴーン元会長の個人金融資産の管理運営を委託されていたのだ

から、ゴーン元会長が有する莫大な円建てエクスポージャーの為替リスクをヘッジする責務がある。日産の取締役会も、だから、本件スワップ契約を「外国人の役員報酬を外貨に換える投資」として承認したのであり、何も当時の秘書室長がここで嘘をついて取締役会を騙したというわけではない。通貨スワップ契約で損をしていないゴーン元会長が、「損失を日産自動車に負担させたい」などという意図を持つはずがない。

また、本件通貨スワップ契約がゴーン元会長の資産管理会社に戻されるとき、サウジアラビアの知人が外資系銀行発行の約三〇億円分の「信用状」を新生銀行に差し入れたと聞くと、さもその時ゴーン元会長には三〇億円相当の資産がなかったように思うかもしれないが、それも違う。なぜなら、ゴーン元会長はこの当時日産自動車の株を三百万株程度所有したので、自社株だけで一二億円相当(三〇〇万株×リーマンショック暴落後日産自動車株価四〇〇円)の現金等価物を持っていたからである。ゴーン元会長は、もちろん自社株以外にも役員報酬など相当の円建てキャッシュフローを有していたはずで、それにもかかわらず追証が工面できなかったのは、これらのエクスポージャーが新生銀行の求める追証の流動性基準に合致しなかっただけのことであろう。

会社法は、第九六〇条により、会社の取締役が、「自己若しくは第三者の利益を図り又は株式会社に損害を加える目的で、その任務に背く行為をし、当該株式会社に財産上の損害を加えたときは、十年以下の懲役若しくは千万円以下の罰金に処し、又はこれを併科する」と規定している。ゴーン元会長に特別背任罪が成立するためには、ゴーン元会長の故意による日産自動車の財産上の損害が認定できなくてはならない。要するに、ゴーン元会長の特別背任容疑における第一の犯罪事実は成立しない。

7　ハリド・ジュファリ氏

ここにサウジアラビアの知人ハリド・ジュファリ氏が登場する。ジュファリ氏は、サウジアラビアの財閥「ジュファリ・グループ」の創業家出身で、サウジアラビア有数の複合企業「E・A・ジュファリ・アンド・ブラザーズ」の副会長のほか、同国の中央銀行理事も務めている。ジュファリ氏が経営する会社は、二〇〇八年一〇月、アラブ首長国連邦に日産との合弁企業「日産ガルフ」を設立し、ジュファリ氏はその会長に就任している。「日産ガルフ」は、日産の中東市場の販売・マーケティング業務をサポートする目的で設立されている。

ジュファリ氏は、新生銀行から追証を求められたゴーン元会長のため、自らの資金約三〇億円分を外資系銀行に預け入れ、その預金を裏付けとして約三〇億円分の銀行信用状を発行させた。この信用状はゴーン元会長を経由して新生銀行に差し入れられ、通貨スワップ契約は無事に日産からゴーン元会長の資産管理会社に再移転された。これが二〇〇九年一月のことである。

その後、ジュファリ氏の個人口座には、二〇〇九年六月から二〇一二年三月にかけて、「中東日産」の口座から、三億〜四億円ずつ全四回にわたり合計一四七〇万ドル（約一六億円）の金が販売促進費名目で振り込まれている。東京地検特捜部は、この金を、ジュファリ氏が行った信用保証の謝礼金だと言うのである。

一般に、銀行が信用保証状を発行するには、保証額の数％の保証料を徴収する。本件の場合、この保証料はジュファリ氏が負担していたとされているが、その保証料なるものは、仮に保証料率を三％と想定しても、年額九〇〇〇万円程度のもので、実際には保証期間は数カ月に過ぎない。しかも、結果的に、ジュファリ氏が外資系銀行に供託した三〇億円は手付かずで保全されている。ゴーン氏がジュファリ氏の負担した数千万円のために約一六億円もの謝礼金を払うというのは、およそ経済合理性に反する。

しかも、ジュファリ氏は、事実として、日産の中東市場の販売・マーケティング業務をサポートする目的で設立された「日産ガルフ」の会長であった。ゴーン元会長は、「知人への支払は、サウジアラビア政府や王族へのロビー活動あるいは現地販売店と日産との間で生じていた深刻なトラブルの解決の協力など日産のための仕事をしてもらっていた」と抗弁するが、その抗弁は客観的事実に裏付けられている。これをもって特別背任などと主張するのはおよそ馬鹿げており、ゴーン元会長の特別背任容疑における第二の犯罪事実は成立しない。

ここで第一の犯罪事実及び第二の犯罪事実の証拠構造を冷静に分析すると、ゴーン元会長の特別背任容疑には、元秘書室長の提供する内部情報とその証言以外にろくな証拠などないことが分かる。元秘書室長は東京地検特捜部の頼みの綱ということになるが、この人の証言の証拠価値は低い。元秘書室長の証言など、ハリド・ジュファリ氏の証言が出れば、一発で撃沈するからである。

元秘書室長との司法取引は、日産ゴーン事件における東京地検特捜部の失敗の本質でもある。なぜなら、ゴーン元会長がジュファリ氏に対する販売促進費の支払をもって特別背任とされる以上、ジュファリ氏はゴーン元会長の特別背任事件における共同正犯になってしまうからである。東京地検特捜部は、本件特別背任での立件に際してハリド・ジュファリ氏の事情聴取を行っていない。外国司法が適法手続を経ることなくアラブの名族を犯罪共犯者に仕立て上げれば、アラブの盟主サウジアラビアが黙っていない。

東京地検特捜部は、ゴーン元会長の有価証券報告書虚偽記載罪での逮捕長期勾留により、フランス政府、ブラジル政府、レバノン政府を敵に回したが、今回の特別背任罪での逮捕によりサウジアラビア政府さえも敵に回すことになった。

8　無罪判決の可能性

二〇一九年の年が明け、一月一一日、ゴーン元会長の特別背任による勾留満期がやってきた。この日、検察官はゴーン元会長を会社法の特別背任罪で起訴したが、ゴーン元会長の保釈は、同年三月六日まで認められなかった。

普通、特捜検察が逮捕して叩けば、どんな人でも自白調書に署名する。インテリほど理詰めの恫喝に弱い。否認して無実を裁判で争ってみても、日本の刑事裁判における起訴有罪率は九九・九％なのである。ならば、保釈や執行猶予と引き換えに嘘の自白調書に署名した方が良いと、誰でもそう思う。しかし、ゴーン元会長は受験エリート型のひ弱なインテリではない。特捜検察がどのような威嚇的強要を行おうが、ゴーン元会長が自白調書に署名することはなかったし、今後においても、その姿勢が変わることはないであろう。

ゴーン元会長の本件起訴事実に対する弁護方針は明解である。特捜検察との全面対決である。ゴーン元会長は、有価証券報告書虚偽記載と特別背任の犯罪事実そのものを全面的に争うことになる。

本件の有価証券報告書虚偽記載罪及び特別背任罪は、ともに、ゴーン元会長に故意が認定できなければ成立しない。これらの経済事件は過失犯を対象とはしないからである。ならば、ゴーン元会長には犯罪事実を認めて故意だけを争うという選択もある。ほとんどの経済事件の被告人はそうするが、ゴーン元会長はそうはしないであろう。ゴーン元会長が自分の無実を確信していることは当然のこととして、日本の裁判では、故意を争うだけでは特捜検察に勝てないからである。本書において詳細に検討したように、日本の経済事件で被告人が無罪判決を得ることができるのは、犯罪事実そのものを争う場合に限られている。

二〇一八年一一月一九日の逮捕当初のマスコミ報道は、ゴーン元会長の有罪を当然の前提とする報道一色だった。二〇一八年一二月二〇日の勾留延長却下あたりから、特捜検察の捜査に対する批判報道が少しずつ出るようになった。二〇一九年一月八日の勾留理由開示でゴーン元会長が無実を強く訴える陳述を行った頃からは、ゴーン元会長無罪論が少なからずマスコミ論調を賑わしている。

ゴーン元会長の最初の逮捕から保釈申請却下までの四八日間を振り返ると、海外メディアの批判を受けて、日本のマスコミ世論も少なからず変遷したことが分かる。日本社会は、今も昔も外圧に弱い。すなわち、特捜検察は、本件を、「国民の圧倒的支持の下で巨悪を摘発する」とする特捜検察の必勝構造に持ち込めていない。ゴーン元会長に無罪判決が出る可能性は十分にあると思う。

一方、特捜検察にとってこの裁判は負けるわけにはいかない。もとより特捜検察は、二〇一〇年秋の厚生労働省村木厚子元局長の無罪判決とそれに引き続く大阪地検特捜部の証拠改竄事件を受けて、解体寸前だったのである。あの時、特捜検察は、事件を大阪地検特捜部内における特殊かつ局所的な問題に矮小化し、大坪弘道元大阪地検特捜部長、佐賀元明元大阪地検特捜副部長、前田恒彦元大阪地検特捜部主任検事の三名に詰め腹を切らせることにより、なんとか生き延びることができた。日産自動車カルロス・ゴーン事件は、その「執行猶予中」の立件なのである。この裁判でゴーン元会長に無罪が出れば、特捜検察は今度こそ本当に解体となるであろう。

第12章　日産ゴーン事件オマーン・ルート

1　オマーン・ルート

二〇一九年四月四日木曜日未明、カルロス・ゴーン元会長は、会社法の特別背任容疑で東京地検特捜部に再逮捕された。これで四回目の逮捕となる。ゴーン元会長は、同年三月六日、一〇八日間の勾留を終えて保釈（保釈保証金一〇億円）されたが、この間、保釈条件に抵触するような行動はとっていない。ゴーン元会長は東京拘置所に逆戻りすることになった。

ゴーン元会長の再逮捕容疑は、二〇一五年一二月から二〇一八年七月までの二年八か月において、日産子会社の「中東日産」からオマーン財閥系販売代理店のスヘイル・バウワン・オートモービルズ（SBA）に販売促進費などの名目で一五〇〇万ドル（約一八億円）を送金し、このうち約五〇〇万ドルをゴーン元会長が実質的に保有する預金口座に還流させ、日産自動車に約五億六三〇〇万円（五〇〇万ドルの円貨換算額）の損害を与えた疑いである。

SBAの経営者スヘイル・バウワン氏はゴーン元会長の知人であり、四〇社超の企業を擁する「ス

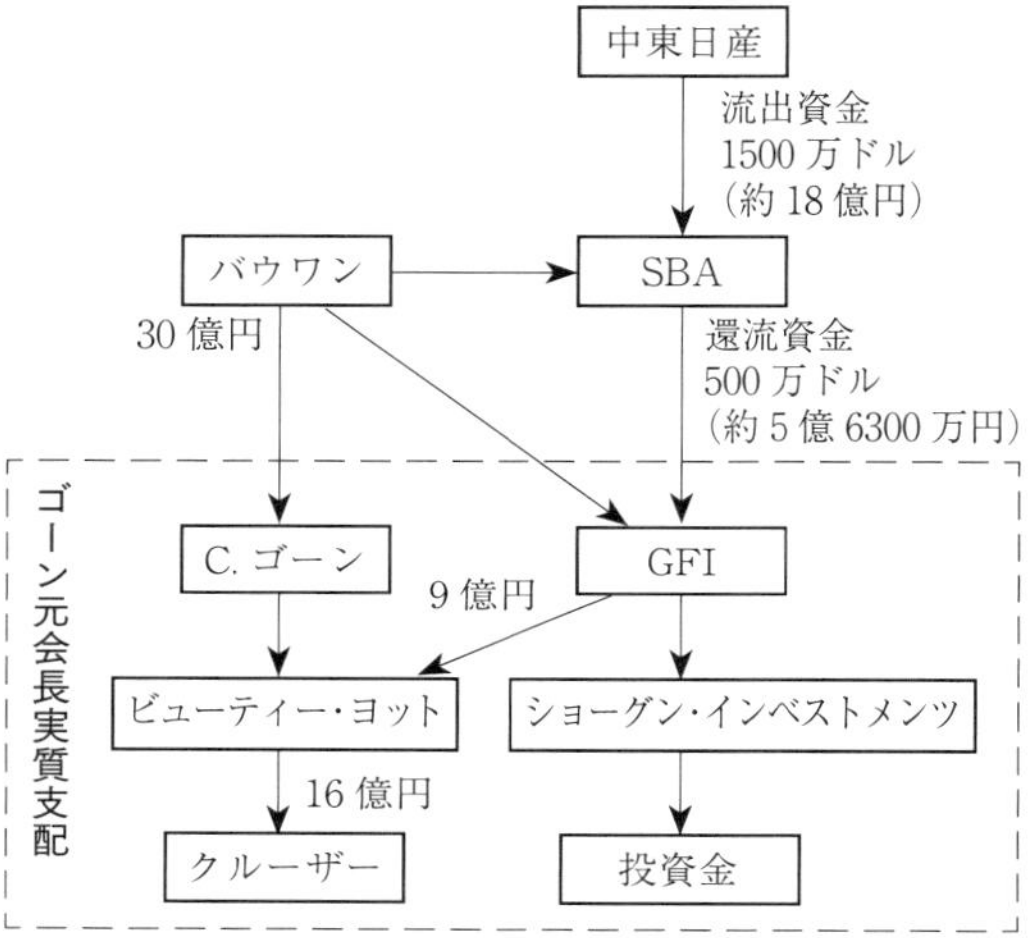

オマーン・ルート資金還流図

ヘイル・バウワン・グループ」の創業者である。日産からＳＢＡに渡った資金は総額で約三五億円に上り、このうち相当額がレバノンにある投資会社「グッド・フェイス・インベストメンツ」(ＧＦＩ)名義の預金口座に流れていた。ＧＦＩの経営者はＳＢＡ幹部のインド人であるが、レバノンはゴーン元会長の出身地であり、ＧＦＩの所在地も元会長の知人(故人)の弁護士事務所となっている。

ＧＦＩに流れた金は、ゴーン元会長の妻キャロル夫人が代表を務めるレバノン法人「ビューティー・ヨット」やゴーン元会長の息子が経営する米国企業「ショーグン・インベストメンツ」などに渡っていたという。「ビューティー・ヨット」に流れた資金は約九億円であるとされ、この資金は約一六億円のクルーザー購入代金の一部に充てられた可能性がある。ＳＢＡ側への支出にはサウジアラビア・ルートでも問題とされたＣＥＯ予備費が使われていた。また、ゴーン元会長はバウワン氏側から約三〇億円を個人的に借り入れていたとされる。

さて、これが現段階までに判明しているオマーン・ルートの被疑事実であるが、この被疑事実に対して検察関係者は、

・「中東日産→SBA→ゴーン元会長の口座と資金還流の構図が鮮明」
・「確実に立証できるよう慎重に判断した。これなら誰からも文句を言われない内容だ」
・（ゴーン元会長の四回目の逮捕については）「逃亡や証拠隠滅の恐れがあると判断した。日産に五億円以上の損害を与えたことなどの事情も考慮した」
・「今回のオマーン・ルートは、金の流れを立証できれば特別背任の要件を満たすのは明らかだ」

などと言っている。しかし、オマーン・ルートについて報道されている事実関係から判断する限り、たとえこれらの資金の流れが立証されたとしても、それは会社法上の特別背任に該当しない。以下、その理由を論証する。

2　アラブの正義

会社法による特別背任罪が成立するためには、会社の取締役が、①自己または第三者の利益を図る目的で、②任務に背く行為をし、③会社に財産上の損害を与えたという三つの要件のすべてが揃っている必要がある（会社法第九六〇条）。

ここで、オマーン・ルートの資金の流れは、中東日産からSBAに流れた一五〇〇万ドル（流出資金）とSBAからゴーン元会長の実質支配する銀行口座に流れた五〇〇万ドル（還流資金）に分解されるが、特別背任では、まず流出資金一五〇〇万ドルの背任性が問題とされなくてはならない。還流資金の五〇〇万ドルは、流出資金一五〇〇万ドルの背任性が認定された後の（会社に与えた）損害額認定の問題である。

流出資金の一五〇〇万ドルは、SBAに対する販売促進費などの名目で送金されたというのだから、問題は、ここでの一五〇〇万ドルが取締役の背任にあたるような不当に高い販売促進費であったかどうかの一点にある。仮に、この一五〇〇万ドルが正当な販売促進費の範囲内であれば、それをもらったSBAがその金を何に使うかは自由で、そこに東京地検特捜部が民事介入すべき事件性はない。オマーン・ルートが特別背任罪に該当するかどうかは、一に一五〇〇万ドルの販売促進費の妥当性にかかっている。

そこで、日産自動車は、（本件販売促進費が）「販売実績に比べて金額が突出している」などとして特捜検察の援護射撃を行うのであるが、この日産側コメントは間違っている。なぜなら、自動車メーカーからの販売奨励金は販売実績に基づき支払われるのではなく、メーカーの販売政策に基づき決定されるからである。もとより、アラビア半島の自動車市場には日本の販売手法が通用しない。アラブに対する販売奨励金を日本の常識で判断することはできない。

中東湾岸諸国に住んでいる居住者の圧倒的多数はインドやフィリピンからの出稼ぎ労働者で、彼らは車を買わない。車を買うのは少数のアラブ人富裕層に限られている。だから、テレビコマーシャルもさしたる効果がない。中東での自動車販売は、日本のようにキャンペーンやチラシを配ったりしてチマチマやるのではなく、有力者のところにまとめて金を落とすというやり方を採る。アラビア半島はその多くが部族国家で構成されているので、部族を押さえれば車は必ず売れる。それがアラブの正義なのである。

サウジアラビア・ルートのハリド・ジュファリ氏に対する約一六億円の販売促進費も同様であるが、オマーンで年間六億円程度（≒一五〇〇万ドル×@一一二円六〇銭÷二・六七年）の販売促進費はまことに正常で、むしろ安いくらいと考えるべきであろう。日本の大手メディアは、これらの販売促進費がＣＥＯ予備費から支払われたことをもって、ＣＥＯ予備費を不正の温床と断罪する。しかし、この論調は対アラブのビジネスに精通する欧州のビジネス感覚からするとひどく違和感がある。ゴーン元会長の多用したＣＥＯ予備費は、アラブに対する販売促進費の支払手法として、むしろ機動性に優れていたと評価することさえできる。

３　スヘイル・バウワン氏の証言

中東日産からの流出資金一五〇〇万ドルはきわめて常識的な販売奨励金に過ぎない。オマーン・ルートは、その後の還流資金五〇〇万ドルを問題とするまでもなく、当然のことながら特別背任には該当しない。この証拠構造上の致命傷を糊塗するため、特捜検察は、「ビューティー・ヨット」や「ショーグン・インベストメンツ」を持ち出して、ゴーン元会長の悪性を強く世論に印象付けようとしている。

特捜検察は、①ＳＢＡからゴーン元会長の実質保有する銀行口座に五〇〇万ドルが還流していることと、並びに、②この還流資金が「ビューティー・ヨット」のクルーザーや「ショーグン・インベストメンツ」の投資資金に使われていることを理由として、だからということで、日産自動車に五〇〇万ドルの損害があったことは明らかとしている。まるで犯行現場を押さえたかのごとき悪しざまな物言いであるが、SBAからゴーン会長の実質支配下に五〇〇万ドルの資金が還流したからといって、それがどうかしたのか？ オマーン・ルートでの日産自動車側損害発生の事実認定において、還流資金がゴーン元会長側クルーザーや投資に使われたということは、たとえそれが事実であるとしても、何らの論理的帰納性を持たない。

還流資金五〇〇万ドルは、SBAからGFIを通して「ビューティー・ヨット」のクルーザーや「ショーグン・インベストメンツ」の投資資金に化けている。しかし、クルーザーや投資資金は、SBAの資産ではなく、GFIの資産でもない。SBAは中東日産から販売奨励金一五〇〇万ドルを受け入れ、その中から五〇〇万ドルをGFIに資金移動したのであろうが、だから本件五〇〇万ドルの還流資金は、SBAの決算上貸付金として会計処理され、GFIの決算上借入金として会計処理されているに違いない。そして、GFIは借入れた五〇〇万ドルの資金の一部を「ビューティー・ヨット」に貸付け、残りの一部を「ショーグン・インベストメンツ」に投資しただけのことである。

すなわち、クルーザーや投資金を所有しているのは、「ビューティー・ヨット」や「ショーグン・インベストメンツ」であり、ここで、「ビューティー・ヨット」及び「ショーグン・インベストメンツ」は、GFIからの借入金や出資金を踏み倒すとも何とも言っていない。すなわち、GFIは貸付金と出資金の合計五〇〇万ドルを減損する必要がない。ならば、SBAの貸付金五〇〇万ドルも減損の必要がない。

ＧＦＩの決算書には、「ビューティー・ヨット」に対する貸付金と「ショーグン・インベストメンツ」に対する出資金の合計五〇〇万ドルが資産計上されているはずで、ＳＢＡの決算書には、ＧＦＩに対する貸付金が五〇〇万ドルとして資産計上されているに違いない。すなわち、還流資金の五〇〇万ドルには損失が発生しておらず、ここには日産の損害が認定できない。

以上の論述から明らかなように、検察官は、会計上の資金取引と損益取引の違いが分かっていないのである。検察官は、ＳＢＡからゴーン会長の実質支配する（ＧＦＩの）銀行口座に五〇〇万ドルの資金が還流したことをもって日産に五〇〇万ドルの損害が発生しているというのであるが、これは資金取引であり損益取引ではない。会計上、資金取引では損失が発生しない。本件五〇〇万ドルの還流資金に損失が認定できるためには、ＳＢＡからゴーン元会長への資金の流れは資金取引ではなく、損益取引でなければならない。

すなわち、本件五〇〇万ドルの還流資金に日産の損失が認定でき、ゴーン元会長の特別背任が成立するためには、スヘイル・バウワン氏が次のような「嘘の証言」を行うことが最低限の絶対要件となる。

- 「ゴーン元会長の実質支配する銀行口座に送金した五〇〇万ドルは、ゴーン元会長に対するバックリベートですから、端からこれを返済してもらうつもりなど毛頭ありませんでした」
- 「この五〇〇万ドルは、ＳＢＡの会計帳簿上、ＧＦＩに対する貸付金として処理したのですが、それはもちろん嘘で、この会計処理は会計監査をごまかすためにあえて虚偽の決算処理を行ったものにすぎません」

•「SBAが中東日産からもらった販売奨励金一五〇〇万ドルというのも実は嘘で、これはもともと一〇〇〇万ドルだった販売奨励金を一五〇〇万ドルに膨らませて、差額の五〇〇万ドルをバックリベートとしてゴーン元会長に還流させるために、私が、ゴーン元会長と密かに共謀した結果の金額です」

検察官はスヘイル・バウワン氏の事情聴取を行っていない。これでは、公判で、弁護側がSBAとGFIの監査済決算書を証拠提出して会計上の損害がないことを立証すれば、検察官に勝ち目はない。本件オマーン・ルートは、一五〇〇万ドルの流出資金に背任性はなく、還流資金に損害は認定できない。こんなものが特別背任になることなどあり得ない。

大手新聞は、「ゴーン包囲網狭まる」などとして、オマーン・ルートなるものを創作した特捜検察の応援記事一色となっている。しかし、本稿の論証に明らかなように、今回のオマーン・ルートの逮捕容疑は、その犯罪構成要件において、前回のサウジアラビア・ルートの起訴事実と何ら変わらない。外国政府との捜査共助で目立った成果が得られず、スヘイル・バウワン氏の供述が得られていないことも、サウジアラビア・ルートのハリド・ジュファリ氏と同じである。こんなもので保釈中の被告人を再逮捕するというのは狂気の沙汰というしかない。

4　キャロル夫人の日本脱出劇

ところで、特捜検察が四月四日にゴーン元会長を再逮捕した際、キャロル夫人のパスポートが家宅捜査で押収された。翌四月五日、河野太郎外相は訪問先のフランスでル・ドリアン外相と会談しているが、その際、ル・ドリアン外相は日産自動車のカルロス・ゴーン容疑者の再逮捕に言及した。外務省関係者は、「先方から問題提起があった」と説明したが、具体的な内容は明かさなかったとのことである。

この時ル・ドリアン外相はゴーン元会長の再逮捕についてなんらかの問題提起をしたであろうが、それは言っても詮無き日本の人質司法のことではなく、キャロル夫人のパスポートの不当押収のことではなかったか？　フランス共和国は、自国民が正当な理由なく外国司法に渡航の自由を拘束されることを許さない。

日本政府もフランス政府から抗議を受けた以上、キャロル夫人にパスポートを返すしかなかったであろうが、キャロル夫人のパスポート不当押収問題は、実に意外な決着を見ることになった。なんと、ゴーン元会長の再逮捕劇のあった翌四月五日の夜、キャロル夫人は米国パスポートを使ってフランスに出国したのである。検察が押収したのはレバノンのパスポートで、キャロル夫人はいくつものパスポートを持っていた。在日フランス大使は、キャロル夫人が飛行機に乗り込むまで同行して、キャロル夫人の身柄の安全を確保した。

特捜検察も、ゴーン元会長をいくら逮捕しても自白調書など取れないことは分かっている。それにもかかわらず、今回敢えてゴーン元会長を再逮捕したのは、パスポートの押収でキャロル夫人の身柄を押さえて、キャロル夫人から共犯者供述を取りたかったからではないのか？　特捜検察はキャロル夫人に対する任意聴取を予定しており、これに応じてキャロル夫人がうかうかと検察庁に出頭すれば、この時キャロル夫人は特別背任の共犯容疑で逮捕された可能性があった。だから、特捜検察は、外交問題になることを承知で、無理やりキャロル夫人のパスポートを不当押収したのであろう。これは、頑として罪を認めない被疑者から自白調書を取る（特捜検察の）必殺技なのである。

一〇〇日を超える勾留に耐えきって自白調書に署名しなかったゴーン会長といえども、夫人が特捜検察の取り調べを受けるというのでは、とてもではないが耐えられるものではない。特捜検察の必殺技は人道に反する。本件オマーン・ルートは、一見ゴーン元会長が追い詰められているように見えるかもしれないが、こんなことまでしてゴーン元会長の自白調書を取ろうとするくらいだから、追い詰められているのはむしろ特捜検察の方なのである。四月四日夜のキャロル夫人の日本脱出劇は、特捜検察の冤罪構造を強く示唆している。

5　事件は公開の裁判へ

ゴーン元会長は、二〇一九年三月六日の保釈後、自らの主張を公開したいという意向があり、同年四月三日、ツイッターで同月一一日に記者会見を開くと予告していた。そうしたところ、翌四月四日、ゴーン元会長はオマーン・ルートの特別背任容疑で逮捕され、四月八日には臨時株主総会で日産の取締役からも解任された。翌四月九日、ゴーン弁護団は、ゴーン元会長が自ら主張や見解を語る動画を公開した。

この動画は四度目の逮捕の前日に撮られたものである。この動画の中で、ゴーン元会長は、

「かけられているすべての嫌疑について私は無実だ」

として、改めて身の潔白を主張し、一連の事件は「陰謀」だとして日産の現経営陣を批判した。

一方、四月五日にフランスに出国していたキャロル夫人は、

「(出国は)国連やフランス政府にゴーン元会長の人権上の問題を訴えるためだった。(聴取や尋問から)逃げる意図はまったくない」

「法廷で一切不正がないと話したい」

として、四月一〇日夜、東京羽田空港に帰国した。

キャロル夫人の日本帰国を受けて、東京地方裁判所は、四月一一日、キャロル夫人の証人尋問を行った。この証人尋問は、検察側の任意聴取に応じない参考人を裁判所が召喚するための、刑事訴訟法(刑事訴訟法第二二六条)に基づく手続きである。ゴーン弁護団によれば、この日の証人尋問は、午後一時半から四時二〇分頃まで約二時間五〇分に及び、キャロル夫人は、不正への関与を否定するとともに、日産から支出された資金の流れやその使途について検察側の質問に誠実に答えたという。証人尋問は非公開で、検察官四人と弁護人四人が出席した。

ゴーン元会長は、このようにして、再逮捕後の起訴前勾留となっていたところ、勾留折り返し期日

を前にした四月一二日金曜日、東京地方裁判所は、ゴーン元会長の勾留延長を四月一五日から八日間とする決定を下した。刑事訴訟法上、勾留延長は最長で一〇日間認められている。東京地検特捜部は、慣習に従い一〇日間の勾留延長を求めていたが、裁判所は、検察官が追起訴の可否を判断するには八日間で十分と、極めて異例の決定を行った。

再逮捕による勾留満期となる四月二二日、東京地検特捜部は、ゴーン元会長をオマーン・ルートによる特別背任容疑で追起訴した。そして、同月二五日、ゴーン元会長は追加保釈保証金五億円を納付して再保釈された。こうして、日産ゴーン事件は公判廷で裁かれることになった。

本書において詳細に検討したように、日産ゴーン事件において、特捜検察は、日産自動車現執行部の提供する内部情報と証言以外に証拠を持っていない。現時点で明らかとなっている客観的事実関係だけからすると、事件は弁護側に有利なように見えるが、だからといって、検察側が不利とは言えないのが日本の刑事裁判の悲しい所で、これでも日本の裁判では有罪判決が普通に出ることになっている。

なぜなら、検察官は、すでに、司法取引対象者を含む日産側関係者の検面調書を大量に取っており、その検面調書には、ゴーン元会長の本件有価証券報告書虚偽記載と特別背任を裏付ける第三者供述がテンコ盛りで記載されているに違いないからである。特捜検察による検面調書に絶対の信用性を認める日本の裁判実務のもとで、裁判官が、これだけ大量の検面調書を否定して無罪判決を書くのは至難の業なのである。

日産ゴーン事件の裁判の帰趨は、検察官と弁護人の有利不利がほぼ拮抗しているというのが実情で、やってみなければ何とも分からない。検察官と弁護人の力量が裁判の帰趨を大きく左右することになるが、私は、この裁判の帰趨を決めるのは結局国民世論だと思う。

ゴーン元会長が無罪判決を取るためには、弁護側が、客観証拠により検面調書の信用性を崩すしかないが、それは本件無罪判決の必要条件ではあっても十分条件ではない。無罪判決が出るためには、さらにもう一歩踏み込んで、裁判官に検面調書より客観証拠を重視させることが必要なのである。本件において、厚労省村木事件における大阪地裁横田裁判長のような「客観証拠を重視する裁判官の出現」などという僥倖を期待することはできない。

そのためには、弁護側は、本件の冤罪構造を法廷で明らかにしなければならない。誰が何のために日産自動車の内紛を刑事事件として特捜検察に持ち込んだのか？　新生銀行は、通貨スワップ契約を日産自動車に付け替えることにより、どのようなビジネス上のメリットを得ようとしたのか？　これら民事経済行為の刑事事件化により、日産自動車側現執行部は何を得て、新生銀行は何を守ったのか？　そして、これら事件関係者の利害が特捜検察の利害とどのように合致していったのか？　これら特捜検察の冤罪構造が公開の裁判により明らかとされ、国民の激昂を誘った時、その強い国民世論を背景として、初めて、裁判官は安心して無罪判決を出すことができる。厚生労働省村木元局長事件においては、これら必要条件と十分条件のすべてが揃ったからこそ、当然のことのように無罪判決が出たし、それに対して検察官は控訴できなかった。

日本社会は、二〇一〇年の大阪地検特捜部証拠改竄事件により特捜検察の冤罪構造を知りながら、自国民の力ではこれを糺すことができなかった。今また八年の年月を経て日産ゴーン事件が勃発したが、期せずして、この事件は国際世論環視の下で裁判が開かれる。今に生きる我々日本人は、歴史の証人として、本件の決着を見届けなければならない。

あとがき

本書の最終校正の頃、私は本書の校正原稿を自ら岩波書店に届けたことがある。その時たまたま清宮前編集長が在店していたので、夏目漱石揮毫の額が飾られた岩波書店のロビーで、本書出版に関する雑談をした。その際、清宮前編集長が、

「ご著書の中で指摘していらっしゃる検面調書の特信状況なんて、どうしてあんなことを日本の刑事司法はやっているんでしょうね」

などと言うので、

「あれは太平洋戦争中の戦時刑事特別法の後遺症なんですよ」

と答えた。そして、戦前の旧刑事訴訟法が現行の刑事訴訟法に移行する過程において、戦時刑事特別法がどのような影響を及ぼしたかを説明した。清宮前編集長は椅子から転げ落ちるばかりに驚愕した。

現行刑事訴訟法にある戦時刑事特別法の残滓は、人質司法と並ぶ日本の刑事司法の恥だと思う。しかし、メディアで日本の人質司法が批判されることはあっても、戦時刑事特別法の問題がまともに取り上げられることはなかった。専門的で難解だからである。しかし、本書をここまで読み進めてきてくれた読者であれば、人類史に恥ずべき戦時刑事特別法の問題を読んでくれるかもしれない。戦時刑事特別法の残滓について論述し、本書のあとがきに代える。

日本の裁判で言い渡される判決では、判決文中に証拠理由を示さなくてもいいことになっている。ここで、証拠理由とは、証拠によって犯罪事実を認めた理由のことをいう。現行刑事訴訟法第三三五条第一項の規定は次のとおりである。

「有罪の言渡をするには、罪となるべき事実、証拠の標目及び法令の適用を示さなければならない」

証拠裁判主義により、事実の認定は証拠による(刑事訴訟法第三一七条)。有罪を言い渡すためには、本来、「罪となるべき事実」(犯罪事実)と「証拠によりそれを認めた理由」(証拠理由)及びそれに適用した法令(法律理由)を示さなければならない。ところが、現行刑事訴訟法によれば、判決文において証拠理由は明示する必要がなく、それに代えて「証拠の標目」だけを示せばいいことになっている。ここで、標目とは、目印、目次、目録のことをいう(『岩波国語辞典』)。

どのような証拠で犯罪事実を認定したかという証拠理由は、判決の社会に対する説得力を保証する。しかし、現行刑事訴訟法は、証拠理由に代えて証拠の標目でよいことにしている。このため、日本の判決文はまことに説得力がなく、(主文を聞かずに)判決理由を聞いただけでは、被告人が有罪か無罪かが分からないという不可思議な現象が起きることになる。

戦前の旧刑事訴訟法では、もちろん、犯罪事実と証拠理由は判決文で説明する必要があった。この

ため、戦前の裁判においては、

「裁判官が有罪を言い渡すにあたっては、いちいち法廷に現れたどの証拠のどの部分でどの事実を認めたのかを判決書中に記載する必要があり、それが有罪判決に説得力を与えるとともに有罪の言い渡しそのものを慎重にした」

というのである(『えん罪を生む裁判員制度』、現代人文社、佐伯千仭論文、二二六頁)。

旧刑事訴訟法による証拠理由から現行刑事訴訟法による証拠の標目への変更は、東条英機内閣時代の戦時刑事特別法(昭和一七年二月二三日法律第六四号)により行われた。太平洋戦争の激化に伴い、米機空襲による夜間灯火管制が行われるに到り、裁判官もいちいち証拠理由を明示した判決書を真っ暗闇の中で書くことなどできなくなった。戦時刑事特別法は、戦時下における裁判官の判決文記述の負担軽減を目的として制定されたのである。戦時刑事特別法第二六条の規定は次の通りである(仮名遣いは現代仮名遣いに変更)。

「有罪の言渡を為すに当り証拠によりて罪と為すべき事実を認めたる理由を説明し法令の適用を示すには証拠の標目及び法令を以て足る」

戦時刑事特別法の第一条は、「戦時に際し灯火管制中又は敵襲の危険その他人心に動揺を生ぜしむべき状態ある場合」という文言で始まっている。このような戦時下において、緊急避難的に止むを得ず取られた措置が「証拠の標目」なのである。

このことは、本書で再三にわたり指摘した特信状況についても同様である。戦時刑事特別法は、すでに昭和一七年二月二三日に成立しているが、翌昭和一八年一〇月三一日、東条英機内閣は、その戦時刑事特別法をさらに改正し、それまで認められなかった書面の証拠採用を認めることとした。旧刑事訴訟法改正第三二条の三を示す(仮名遣いは現代仮名遣いに変更)。

「裁判所又は予審判事相当と認むるときは証人又は鑑定人の尋問に代え書面の提出を為さしむることを得」

太平洋戦争が激化して、もはや予審判事が悠長に尋問調書を作成したり、裁判官が証人尋問をしている余裕がなくなったのである。こうして日本では、戦時下の緊急避難的措置として、非公開の密室監禁下で作成された取調べ書面が証拠として認められることとなった。戦時刑事特別法のこの規定が、太平洋戦争の終戦を経て現行刑事訴訟法へと移行するに際し、特信状況へと形を変えて生き残った。それが戦後七四年を経た現在まで継続していることもまた、前述「証拠の標目」と同様である。

現行刑事訴訟法における証拠の標目と特信状況の問題は、二〇〇八年、当時の峰崎直樹参議院議員が質問主意書により政府の見解を質している。この質問主意書に対する平成二〇年一月一八日付内閣総理大臣答弁書(内閣参質一六八第一一四号)は次の通りである。

〝現行刑事訴訟法の国会審議における政府説明等によれば、旧刑事訴訟法に規定する「証拠ニ依リ之ヲ認メタル理由」の説明が形式に堕しており、また、裁判官の重大な負担となって、審理が遅延するという結果もあったこと等から、判決を書く手数をなるべく省き、実際の公判において事実の真相を発見する面において裁判官の主力を用いるとの趣旨により、現行刑事訴訟法第三三五条第一項において、有罪の言渡しをするには証拠の標目を示さなければならない旨が規定されたものと承知している。現行刑事訴訟法第三三五条第一項の規定は、「事案の真相を明らかにし、刑罰法令を適正且つ迅速に適用実現する」という現行刑事訴訟法の目的を実現するために合理的なものであり、これを旧刑事訴訟法の規定のように改める必要はないと考えている〟

〝現行刑事訴訟法第三二一条第一項第二号の規定は、供述者が公判期日において前の供述と相反する供述をした場合等に適正に事実を認定するために重要な役割を果たしており、これを廃止するべきものとは考えていない〟

現在の日本は平和国家であり、憲法の定めにより、いずこの国との交戦権をも放棄している。灯火管制や敵襲もない。日産ゴーン事件の勃発により、日本の人質司法が世界のメディアから注目されているが、日本の刑事司法が恥ずべきなのは人質司法だけではない。今に生きる戦時刑事特別法の残滓もまた現世代の手で見直すべきであろう。

2008年3月(日経ビジネス人文庫，2012年12月)
3 『りそなの会計士はなぜ死んだのか』，山口敦雄著，毎日新聞社，2003年7月
4 『監査難民』，種村大基著，講談社，2007年9月
5 『粉飾の論理』，高橋篤史著，東洋経済新報社，2006年9月
6 『小説 会計監査』，細野康弘著，東洋経済新報社，2007年12月(幻冬舎文庫，2010年6月)
7 『会計不正はこう見抜け』，ハワード・シリット，ジェレミー・パーラー著，熊倉恵子訳，細野祐二解説，日経BP社，2015年3月

刑法関係

1 『犯罪論の基本問題』，大塚仁著，有斐閣，1982年4月
2 『テキスト 司法・犯罪心理学』，越智啓太・桐生正幸編著，北大路書房，2017年7月
3 『刑法第3版』，木村光江著，東京大学出版会，2010年3月(第4版，2018年3月)
4 『入門刑法学総論』，井田良著，有斐閣，2013年12月(第2版，2018年11月)
5 『入門刑法学各論』，井田良著，有斐閣，2013年12月(第2版，2018年3月)
6 『共犯者の供述の信用性』，司法研修所編，法曹会，1996年7月
7 『入門犯罪心理学』，原田隆之著，ちくま新書，2015年3月
8 『ドキュメント弁護士――法と現実のはざまで』，読売新聞社会部，中公新書，2000年4月
9 『裁判官はなぜ誤るのか』，秋山賢三著，岩波新書，2002年10月
10 『日本をダメにした10の裁判』，チームJ著，日経プレミアシリーズ，2008年5月

5 『疑獄――小説・帝人事件』，波多野聖著，扶桑社，2012 年 10 月
6 『正義の正体』，田中森一・佐藤優著，集英社インターナショナル，2008 年 3 月
7 『警察はここまで腐蝕していたのか』，宮崎学著，洋泉社，2004 年 7 月
8 『「生きる」という権利――麻原彰晃主任弁護人の手記』，安田好弘著，講談社，2005 年 8 月
9 『裁かれるのは我なり――袴田事件主任裁判官三十九年目の真実』，山平重樹著，双葉社，2010 年 6 月（『袴田事件　裁かれるのは我なり』，ちくま文庫，2014 年 10 月）
10 『「東電女性社員殺害事件」弁護留書』，石田省三郎著，書肆アルス，2013 年 2 月
11 『でっちあげ――福岡「殺人教師」事件の真相』，福田ますみ著，新潮社，2007 年 1 月（新潮文庫，2009 年 12 月）
12 『デッチあげを許さない――志布志選挙違反事件の真実』，辻恵著，イプシロン出版企画，2007 年 12 月
13 『証言 村上正邦　我，国に裏切られようとも』，魚住昭著，講談社，2007 年 10 月

被告人手記

1 『罪名 女――もうひとつの「三越事件」』，竹久みち著，ごま書房，2004 年 4 月
2 『国家の罠――外務省のラスプーチンと呼ばれて』，佐藤優著，新潮社，2005 年 3 月（新潮文庫，2007 年 10 月）
3 『知られざる真実――勾留地にて』，植草一秀著，イプシロン出版企画，2007 年 8 月
4 『知事抹殺――つくられた福島県汚職事件』，佐藤栄佐久著，平凡社，2009 年 9 月
5 『公安検察――私はなぜ，朝鮮総連ビル詐欺事件に関与したのか』，緒方重威著，講談社，2009 年 8 月
6 『反転――闇社会の守護神と呼ばれて』，田中森一著，幻冬舎，2007 年 6 月（幻冬舎アウトロー文庫，2008 年 6 月）
7 『虚構――堀江と私とライブドア』，宮内亮治著，講談社，2007 年 3 月
8 『徹底抗戦』，堀江貴文著，集英社，2009 年 3 月（集英社文庫，2010 年 10 月）
9 『検察との闘い』，三井環著，創出版，2010 年 5 月
10 『リクルート事件・江副浩正の真実』，江副浩正著，中央公論新社，2009 年 10 月
11 『生涯投資家』，村上世彰著，文藝春秋，2017 年 6 月
12 『野村證券第 2 事業法人部』，横尾宣政著，講談社，2017 年 2 月
13 『東大から刑務所へ』，堀江貴文・井川意高著，幻冬舎新書，2017 年 9 月

粉飾決算関係

1 『ライブドア監査人の告白』，田中慎一著，ダイヤモンド社，2006 年 5 月
2 『会計不正――会社の「常識」監査人の「論理」』，浜田康著，日本経済新聞出版社，

9 『暴走する「検察」――情報漏えい，ねつ造，ウラ取引，国策捜査』，別冊宝島Real (041)，宝島社，2002年12月
10 『国策捜査――暴走する特捜検察と餌食にされた人たち』，青木理著，金曜日，2008年5月(角川文庫，2013年11月)
11 『特捜神話の終焉』，郷原信郎著，飛鳥新社，2010年7月
12 『告発！ 検察「裏ガネ作り」』，三井環著，光文社，2003年5月
13 『検察の“罠”』，伊勢崎龍著，青志社，2018年5月
14 『検察が危ない』，郷原信郎著，ベスト新書，2010年4月

検察制度一般

1 『アメリカ人のみた日本の検察制度――日米の比較考察』，デイビッド・T.ジョンソン著，大久保光也訳，シュプリンガー・フェアラーク東京，2004年7月
2 『殺人者たちの午後』，トニー・パーカー著，沢木耕太郎訳，飛鳥新社，2009年10月(新潮文庫，2016年4月)
3 『真相死刑囚舎房(上)』，K・O著，現代史出版会，1982年5月
4 『真相死刑囚舎房(下)』，K・O著，現代史出版会，1982年5月
5 『人を殺すとはどういうことか――長期LB級刑務所・殺人犯の告白』，美達大和著，新潮社，2009年1月(新潮文庫，2011年10月)
6 『裁判所の正体――法服を着た役人たち』，瀬木比呂志・清水潔著，新潮社，2017年5月
7 『裁判の秘密』，山口宏・副島隆彦著，洋泉社，2003年3月(宝島SUGOI文庫，2008年6月)
8 『昭和，平成 震撼「経済事件」闇の支配者』，大下英治著，青志社，2014年10月
9 『ヤメ検――司法エリートが利欲に転ぶとき』，森功著，新潮社，2008年9月(新潮文庫，2010年11月)
10 『証券市場の未来を考える』，郷原信郎編著，コーポレートコンプライアンス季刊第17号，唯学書房，2009年3月
11 『市場と法』，三宅伸吾著，日経BP社，2007年10月
12 『訊問の罠――足利事件の真実』，菅家利和・佐藤博史著，角川書店，2009年8月

冤罪事件に関わるもの

1 『ルーシー事件の真実』，ルーシー事件真実究明班，飛鳥新社，2007年5月
2 『まんが狭山事件』，安田聡・原案，勝又進・まんが，七つ森書館，2006年9月
3 『不撓不屈』，高杉良著，新潮社，2006年2月(角川文庫，2013年5月)
4 『死刑捏造――松山事件・尊厳かけた戦いの末に』，藤原聡・宮野健男著，筑摩書房，2017年3月

第 11 章　日産自動車カルロス・ゴーン事件
第 12 章　日産ゴーン事件オマーンルート
日本経済新聞の報道を参照しました.

あとがき
『えん罪を生む裁判員制度』(現代人文社, 2007 年 8 月)所収の佐伯千仭論文の 216 頁を参考にしました.

参考文献

本書登場人物の著作

1 『私は負けない――「郵便不正事件」はこうして作られた』, 村木厚子著, 中央公論新社, 2013 年 10 月
2 『勾留百二十日――特捜部長はなぜ逮捕されたか』, 大坪弘道著, 文藝春秋, 2011 年 12 月
3 『公認会計士 vs 特捜検察』, 細野祐二著, 日経 BP 社, 2007 年 11 月
4 『法定会計学 vs 粉飾決算』, 細野祐二著, 日経 BP 社, 2008 年 6 月
5 『司法に経済犯罪は裁けるか』, 細野祐二著, 講談社, 2008 年 8 月
6 『粉飾決算 vs 会計基準』, 細野祐二著, 日経 BP 社, 2017 年 9 月
7 『安部英医師「薬害エイズ」事件の真実』, 武藤春光・弘中惇一郎編著, 現代人文社, 2008 年 9 月
8 『無罪請負人――刑事弁護とは何か？』, 弘中惇一郎著, 角川書店, 2014 年 4 月

特捜検察に関わるもの

1 『特捜検察物語(上)――政治権力との闘い』, 山本祐司著, 講談社, 1998 年 9 月
2 『特捜検察物語(下)――腐敗・汚職との闘い』, 山本祐司著, 講談社, 1998 年 9 月
3 『特捜検察の闇』, 魚住昭著, 文藝春秋, 2001 年 5 月(文春文庫, 2003 年 5 月)
4 『歪んだ正義――特捜検察の語られざる真相』, 宮本雅史著, 情報センター出版局, 2003 年 12 月(角川文庫, 2007 年 5 月)
5 『「特捜」崩壊――墜ちた最強捜査機関』, 石塚健司著, 講談社, 2009 年 4 月(講談社文庫, 2011 年 7 月)
6 『検察秘録――誰も書けなかった事件の深層』, 村串栄一著, 光文社, 2002 年 2 月
7 『検察の疲労』, 産経新聞特集部編, 角川書店, 2000 年 6 月(角川文庫, 2002 年 7 月)
8 『検証「国策逮捕」――経済検察はなぜ, いかに堀江・村上を葬ったのか』, 東京新聞特別取材班編, 光文社, 2006 年 9 月

出　典

第 1 章　執行猶予の日々

第 2 章　ジオス倒産

第 3 章　自動車販売

筆者の体験に基づく記述なので，出典はありません．記載されている日付は筆者の手帳の記録に基づいています．

第 4 章　郵便不正事件

事件当時の新聞報道に基づき多くを記述しています．

第 5 章　虚偽公文書事件

第 6 章　無罪判決

虚偽公文書事件一審大阪地裁判決文，及び，村木厚子著『私は負けない――「郵便不正事件」はこうして作られた』(中央公論新社)に基づき多くを記述しています．

第 7 章　大阪地検特捜部

第 8 章　証拠改竄事件

第 9 章　特捜検察の終焉

大坪・佐賀犯人隠避罪事件の一審大阪地裁判決文，及び大坪弘道著『勾留百二十日――特捜部長はなぜ逮捕されたか』(文藝春秋)に基づき多くを記述しています．本文中に示したように，前田元大阪地検主任検事のブログ，及びジャーナリストの江川紹子氏の裁判傍聴録のブログは，必要に応じて，参照しています．

第 10 章　犯罪会計学の成立

多くは筆者の体験に基づく記述で，記載されている日付は筆者の手帳に基づいていますが，一部，日債銀粉飾決算事件の最高裁判決文が参照されています．

本文中の「同意」の定義は，『平成 18 年版刑事弁護実務』(司法研修所編纂)215 頁を参照しています．その他「同意」については，『刑事実務証拠法』(石井一正著，1997 年 5 月，判例タイムズ社，第 2 版第 2 刷)60 頁及び 61 頁，並びに『刑事訴訟法講義案』(司法協会編纂，平成 7 年 4 月第 1 刷)285–292 頁を参考としました．

さらに，本文中國井検事が前田主任検事のフロッピーディスクの改竄を打ち明けられた際に発したとされる「まじっすか」という発言は，最高裁による犯人隠避事件の捜査において國井検事が供述したものとして新聞報道されたものです．

細野祐二
会計評論家．1953年生まれ．82年公認会計士登録．78年〜2004年までKPMG日本および同ロンドンにおいて会計監査，コンサルタント業務に従事．04年，株価操縦事件に絡み有価証券報告書虚偽記載罪の共同正犯として逮捕・起訴され，無罪を主張したが2010年有罪が確定．現在，評論・執筆活動のかたわら，自身が開発したソフト「フロードシューター」により上場会社の財務諸表危険度分析を行っている．『公認会計士vs特捜検察』『法廷会計学vs粉飾決算』『粉飾決算vs会計基準』『司法に経済犯罪は裁けるか』など著書多数．

会計と犯罪——郵便不正から日産ゴーン事件まで

2019年5月29日　第1刷発行
2019年7月16日　第3刷発行

著　者　細野祐二《ほそのゆうじ》

発行者　岡本　厚

発行所　株式会社　岩波書店
〒101-8002 東京都千代田区一ツ橋2-5-5
電話案内 03-5210-4000
https://www.iwanami.co.jp/

印刷・理想社　カバー・半七印刷　製本・牧製本

ISBN 978-4-00-061341-5　　Printed in Japan